少数株主にとっての

# 非上場株式売却入門

著 いしだのりこ
監修 少数株ドットコム株式会社

クロスメディア・パブリッシング

# はじめに

## ほとんどの人が知らない非上場株式売却の方法

私は、東証一部上場企業の創業者一族の家に嫁ぎ、「同族会社」はどのようなものか実体験として理解しており、少数株主のお気持ちはよく分かります。

私の友人も、非上場企業の「少数株主」「同族会社」であるが故の苦い経験をしています。祖父の代まではとても仲のよい兄弟だったのが、子から孫へと相続を繰り返す中で株式が分散し、会社との関係も希薄になってきたそうです。そうして少数株主となった者は相手にされず、会社は分散した株式をとにかく安く買い集めようとします。場合によっては、第三者やメインバンクを使ってまで強引に自社株を増やしていくところもあります。

ニュースソースとして扱われることも少ないため、世間一般ではあまり知られてはいませんが、「少数株主」は、適正価格で換金したいのに、会社の言いなりに二束三文で売るしか方法はないのか？　と悩んでいる人が全国に数知れずいます。実際のところ私は、社会問題として捉えております。

弊社では、ＦＡＳ（フィナンシャルアドバイザリーサービス）を中心に、生前相続対策支援、不動産投資等を行っておりますが、その中で、友人やお客様からの要望により、少数株主の非上場株式売却・現金化支援のノウハウを確立してまいりました。

このたび、たくさんのお声をいただいたことから、「少数株ドットコム」という屋号で、少数株主の非上場株式売却・現金化支援を事業化することといたしました。
それだけ困っている非上場少数株主が多く、ニーズが大きいと判断しています。

本書で一番にお伝えしたいことは下記の通りです。

○非上場株式は、**困難であっても売却できる**
○**譲渡制限付き株式でも売却できる**
○非上場株式の売却には、**税金の知識が欠かせない**

今まで八方塞がりだと絶望していた方々には、このような非上場株式現金化の方法があることをぜひ知っていただきたく、本書がみなさまのお悩みの解決にお役に立てれば幸いです。

## 非上場株式には売買するマーケット（株式市場）がない

日本の事業会社は358万9000社あります（中小企業庁　2020年版中小企業白書より　2016年データ）。そのうち上場企業は4225社の0・1％（上場企業サーチ　2023年1月18日）。

つまり、日本の事業会社の99・9％は非上場企業なのです（358万4775社、中小企業庁　2020年版中小企業白書より　2016年データ）。

このように、日本の事業会社の99・9％が非上場会社なのですが、その**非上場企**

**業株式には上場会社のような株式を売買するマーケット（株式市場）がありません。**そのため、非上場株式を所有していてもなかなか売却することはできないのです。それはたとえ業績を大きく伸ばしているような優良企業の株式であっても同様です。

上場企業の場合は、好業績を上げれば株式市場での株価が上がり、配当金も上がります。ところが非上場企業は、株価が上がるわけではありません。また、**業績に関係なく配当のない会社も多いです。**非上場企業の場合は、株価も配当も経営者の考えひとつで決まります。言ってみれば、経営者の好き勝手に決められるのです。

会社法で規定されているにもかかわらず、株主総会をやらない、取締役会をやらない、配当金は出さない、従業員の給与は安いまま上げない、それなのに経営者は高い報酬を取り、家族の生活費も遊興費も会社の経費として計上し、公私混同は珍しくありません。そして、**株式を公正な価格で買い取らない、このような非上場会**

**社はごまんとあるのです。**

非上場株式を売却するには、その株式を発行している会社に買い取ってもらうか、第三者の買い手を探してきて買ってもらうしかないのですが、会社が買い取らないと言えば、それ以上なす術はありません。**発行会社に株式の買取義務はない**[※]からです。また、仮に発行会社が買い取ってくれても額面等、資産や業績から見ても、とても妥当とは思えない価格でしか買い取ってくれないケースは驚くほど多いのです。さらに、上場会社のように株式市場で株価が決まっているわけではないため、個人で買い手を探すのは容易ではありません。

※発行会社に株式の買取義務はありませんが、極めて限られた条件のもとで**「株式買取請求権」**を行使し、株式の売却が可能なケースがあります。行使できるのは、株主総会で特別な決議が行われたとき（定款変更・譲渡制限等（116条）、吸収合併（785条）、吸収分割（797条）、新設合併等（806条）、株式交換（797条）に関する議決）です。

## 相続税問題──現金化できないのに、多額の納税義務が……

このように、非上場株式には「買い手が見つからない」「見つかっても買い叩かれる」といったことのほかにも、相続税の問題も挙げられます。

以下は、大正時代からの老舗製造業V社の株式を保有していたA氏の事例です。

お父様が社長を退任した後、A氏が代表取締役、弟が専務取締役となってV社を切り盛りしてきました。大手得意顧客からの信頼が厚く、業績は安定していましたが、兄弟で力を合わせて新規顧客も開拓し、この20年、少しずつ業績を伸ばしてきました。しかし、3年前、A氏は突然解任され、弟が代表取締役となったのです。弟は、A氏が知らないところで親族株主に根回しし、議決権

**の3分の2を確保した上で、株主総会でA氏を解任決議したのです。**

なぜ、こんなことになったのでしょう。A氏が社長時代、弟の反対を押し切って、思い切った改革を断行したことも奏功し業績を伸ばしていたのですが、業績と反比例のように兄弟の関係は冷えていきました。弟は、経営方針が合わないことや、兄への嫉妬からの行動だったのでしょう。

会社への貢献の大きかったA氏は、保有株式（20％）の買取り交渉をしましたが、なかなか折り合いがつかないまま時間だけが経過していき、「このままでは相続税が心配だ」と弊社に相談があったのです。

**A氏が依頼した税理士が算出した相続税評価額は約7億円でした。このまま会社が買い取ってくれなければ現金化できないのに、相続税は最高税率の55％、概算で**

## 3億円以上の現金を用意しなければならないのです。

A氏は突然解雇されたため、先行きの不安もあります。そのうえ相続となった場合に、子どもが負担する相続税の心配もA氏に大きくのしかかったのです。

同族会社における株式相続税は、相続する株式の相続税評価額というものを元に計算されることが多いのですが、これは、国税庁が作成している「財産評価基本通達」の「取引相場のない株式等の評価」に基づいて評価することになります。

取引相場のある上場株式であれば、取引所の株価という客観的な数字で株価を評価することができますが、中小企業のような非上場会社の株価を評価する場合、客観的な数値がないためです。相続税評価額は、相続する株式や会社規模、業種によりり異なります。

非上場株式とは、上場株式以外の株式の総称であり、非上場株式の中でも上場株式に近い規模の大会社から、個人事業並みの小規模会社まで、その内訳は千差万別です。よって、非上場株式の評価方法を定める財産評価基本通達では、取引相場のない非上場株式を、規模に応じて大会社・中会社・小会社に区分し、その区分に応じてそれぞれに即した評価方式を定めています。

また、非上場株式を贈与や相続で取得した株主が、同族株主かそれ以外の株主かによっても評価方法が変わってきます（後述しますが、「同族株主」は株式保有比率が高いためです）。同族株主か否かで会社経営への影響度が変わるため、株式保有目的も変わってくると考えられるからです。

支配権を有する同族株主が保有する株式の評価は、会社の業績や資産内容等を反映した原則的評価方式（類似業種比準方式、純資産価額方式およびこれらの併用方式）により評価し、同族株主以外の少数株主が保有する株式は特例的評価方式（配当還元方式）により評価することになります。一般的に特例的評価方式（配当還元方式）による評価の方が株価は低くなる傾向にあります。

評価対象会社が保有している資産の大半が株式・土地等といったような、資産内容が特異な会社、開業間もない会社・休眠会社等の営業状態が特異な会社（特定会社）は、通常の事業活動を前提としている原則的な評価方法は馴染まないため、特定会社として個別にその評価方法が定められています。

※「第3章　非上場株式保有の問題点〈相続税〉」をご参照ください。税法には改訂があり、特例制度も多数あるため、税金については税理士と相談しながら判断することをおすすめします。

事例のように、現金化できない非上場株式にもかかわらず、多額の納税義務が発生するという最悪の事態が起きることもあるのです。特に、**事例のV社のように長い歴史があり、安定した業績を続けてきた非上場会社の中には、自社株の相続税評価額が高くなることがよくあります。**内部留保として利益の蓄積が大きくなるからです。相続税の税率は、累進課税制度（課税額が高いほど適用される税率が上がる課税方式）によって10％から最大55％にもなります。

実際に相続が発生した場合は、事業を引き継がない少数株主であっても、持ち株比率に応じて相続税を計算する方式が異なります。

「自分は会社を継ぐわけではないから関係ない」のではなく、会社を継がないからこそ不可避で、かつ大きな影響が生じます。

**事業承継をする大株主には税制の優遇措置がありますが、少数株主に対しての措置はありません。**だからこそ、あなたは自分自身で考え、備え、心の準備をしておく必要があるのです。

なお、**本書では、相続税評価ではなく、非上場株式を売買する際の売買価格の考え方を中心に述べたい**と思います。

## 非上場企業の多くは「同族会社」

非上場企業の多くが「同族会社」です。分かりやすく言うと、特定の支配株主によって経営権が握られている会社のことです。

具体的には、3人以下の会社の株主等、およびその株主等と「特殊の関係」にある個人および法人（これを「同族関係者」といいます）が、発行済株式総数または出資総額の50％超を保有している場合、その会社は同族会社となります。

なお、同族関係者の範囲について、ここでは個人の場合を説明します。①株主等の親族（配偶者、六親等以内の血族、三親等以内の姻族）、②株主等と事実上婚姻関係と同様の事情にある者、③個人株主等の使用人、④上記3項目以外の者で、株主等から受ける金銭やその他の資産により生計を維持している者、⑤上記②から④に該当する者と生計を一にする、これらの者の親族となっています。

創業者から子に、子から孫に、と株式が相続され、孫や曾孫以降になると、会社の役員でもなく従業員でもなく、経営に全く関与していない、配当もなく、経営している親族と疎遠である、あるいは関係が悪く、株式売却の交渉もしづらい、といったケースも多く見受けられます。親族だからこそ、なおさら株式売却の交渉が困難という事例が多いのです。

その点、弊社のような、株式発行会社とは何のしがらみもない第三者の方がむしろ話が進むケースも多いのです。

本書では、株式について知識のない人でも分かりやすく、株式にはどのような種類があり、**その中でも自分が保有している非上場株式はどのような性質を持つのか？　非上場株式を保有する上での株主の権利にはどのようなものがあるのか？　非上場株式を保有する上で起きうる問題にはどのようなものがあるのか？　問題を回避する方法はあるのか？　非上場株式の株価評価はどのような算定方法があるのか？　非上場株式を換金化する方法はあるのか？　またそのメリットはなんなのか？**　事例を示しながら、みなさまにお伝えしていきたいと思います。

弊社には、非上場株式の換金化に関する経験と知見豊富な専門家が揃っています。
個別事情に応じた対策のご提案やサポートができますのでご安心ください。

第3章

# 非上場株式保有の問題点

第4章

# 非上場株式の売買価格



第5章

# 非上場株式の換金化事例

第6章

# 少数株主として最低限知っておきたいことQ&A

装画　山中明子
装丁　斎藤　稔（G・RAM）
DTP　安井智弘

第1章

# 株式の基礎知識をおさえよう

# 上場株式と非上場株式の違いとは?

株式は、企業が資金調達のためなどに発行する有価証券です。工場や店舗を造るなどの設備投資や、業務拡大などを行おうとすれば、まとまった資金が必要です。こうした資金を集めるために、企業は広く出資者（株主）を募り、株式を発行します。

株式には「上場企業」株式と「非上場企業」株式があります。上場企業の株式は取引所を通して売買され、取引所が開いている時間は原則としていつでも取引できますが、個人が直接金融商品取引所を通して企業の株式を売買することはできません。取引参加者と呼ばれる金融商品取引業者（証券会社）を通じて取引をしてもらうことで株式を売買します。

国内で圧倒的な取引量を誇るのが東京証券取引所のプライム市場です。一方、新興企業が多いのが、グロース市場です。将来性は高いものの、発行済み株式数が少ない企業が多く、株価変動が比較的大きい特性があります。

## 国内の主な証券取引所

### ●東京証券取引所（プライム市場、スタンダード市場、グロース市場）

国内で圧倒的な取引量を誇る証券取引所。プライム市場には日本を代表する有力企業のほとんどが上場している。２０２２年４月に市場区分を見直し。

### ●名古屋証券取引所（プレミア市場、メイン市場、ネクスト市場）

名古屋など中部圏を地盤とする有力企業が単独上場しているケースが多い。２

022年4月に市場区分を見直し。

### ●札幌証券取引所（本則市場、アンビシャス）

札幌を中心に道内を地盤とする有力企業が単独上場しているケースが多い。

### ●福岡証券取引所（本則市場、Q-Board）

福岡を地盤とする有力企業が単独上場しているケースが多い。

一方、非上場株式は、証券取引所に上場していない株式のことです。証券取引所で売買できる「上場株」に対して、上場していない株式を「非上場株」「未公開株」などと呼びます。売り手と買い手が価格など条件面で折り合いが付けば取引可能ですが、取引をする市場がないため、実際は買い手を探すのは困難です。

ご参考までに、米国での非上場株式の市場についてみてみましょう。

米国においては証券取引市場に上場していない株式の流通の場として、OTC（店頭）市場が存在しています。

2000年代半ば以降、インターネットの普及に伴い、未公開株式の売買ニーズを集約し、取引の仲介を行うプラットホームが登場しました。こうしたプラットホームには、売り手側は、株式発行会社の創業一族、従業員、元従業員、アーリーステージ（創業早期）で投資を行うベンチャーキャピタル、エンジェル投資家らの保有株式の現金化を目的に参加しました。買い手側は、個人投資家、保有比率を高めたい既存株主、レイターステージ（成熟期）に入った成長企業に投資するベンチャーキャピタル、ヘッジファンド、機関投資家などでした。

未公開株の取引は、２０１２年のフェイスブック社や２０１３年のツイッター社の上場などを機に関心を集めました。両社は上場前に企業価値評価が大きく高まったためです。

２００９年に設立されたシェアーズポスト社は未公開株取引仲介業者で、フェイスブックやリンクトインなどハイテク分野の新興企業株をＩＰＯ前に扱ったことなどで成長しました。その後２０１３年には、米ナスダック市場などを運営するナスダックＯＭＸグループと合弁事業「ナスダック・プライベート・マーケット」を設立し、２０２１年半ばまでで４７７件の未公開企業の取引を支援し、累計の取引高は３００億ドル（約3兆３０００億円）超となりました。

昨今においては、インターネットや情報技術（ＩＴ）の進展により、セカンダリーマーケットの取引の利便性がひと昔前と比べて格段に向上しています。

セカンダリーマーケットとは、すでに発行された証券などが投資家間で売買される市場のことです。流通市場（二次市場）とも呼ばれ、取引所取引と店頭取引があります。一方、国や企業等が新たに発行した証券を直接、または仲介者を通じて投資家が取得する市場を、「プライマリーマーケット（発行市場、一次市場）」と呼びます。

## コーポレートガバナンス・コード

ここで話を日本に戻して、日本の株式市場における近年の大きな動きをいくつかご紹介します。

2014年6月、政府は「『日本再興戦略』改訂2014―未来への挑戦―」を閣議決定しました。日本企業の持つ稼ぐ力を養うために決定されたもので、新たに講ずべき具体的施策のひとつとして「コーポレートガバナンス・コード」の策定を掲げました。本文には「持続的成長に向けた企業の自律的な取組を促すため、東京証券取引所が、新たにコーポレートガバナンス・コードを策定する」と明記されています。

コーポレートガバナンスとは、一般的に「企業統治」と訳され、企業は出資している株主のもので経営者のものではない、というスタンスで、企業が不祥事や不正などをせず、公正な判断や経営ができるように監視する仕組みのことです。具体的な取り組みとしては、社外取締役や社外監査役等社外の管理者による経営の監視や、取締役と執行役の分離、社内ルールの明確化などが挙げられます。これらの役職の人はステークホルダー（利害関係にある人や組織のこと）の代弁者として重要な役割を担います。

コーポレートガバナンスの目的は、企業や経営に透明性を確保し株主やステークホルダーの権利や立場を尊重すること、そして、そうすることで企業の社会的な信頼性および企業の価値を中長期的に向上させることです。

翌年の2015年3月5日に、東京証券取引所は金融庁と共同で、「コーポレートガバナンス・コード原案」を公表し、WEBサイトに掲載しました。その後、東京証券取引所において関連する上場規則等の改正が行われ、2015年6月にこのコーポレートガバナンス・コード原案を基とする「コーポレートガバナンス・コード」が制定、全上場会社に適用されました。企業価値の向上や収益力の強化を図ることで企業は持続的成長の取り組みを行っています。

なお、このような動きの背景として、経済産業省が2014年に公表した「伊藤レポート」(当時一橋大学教授だった伊藤邦夫氏を座長としてまとめた報告書)があり、日本企業の国際的な評価が落ちた原因等について報告しています。

報告書では、国際的に見ても日本企業の自己資本利益率（ＲＯＥ）や株価は低いため、投資家にとって日本企業へ投資するメリットが少ないことが問題点として指摘されています。

そのため日本政府は、国外の投資家が日本企業に投資することへのメリットを作り、日本企業の国際的な評価を改善する必要があると判断し、コーポレートガバナンス・コードを制定することを決定したのです。

コーポレートガバナンス・コードとは、企業が顧客や株主、社員や地域社会等の立場を踏まえた上で、透明で公正、かつ迅速で公正な意思決定を行うための原則や指針を取りまとめた「上場企業統治指針」のことです。「Corporate Governance

Code」の頭文字を取ってCGコードと略す場合もあります。
具体的には、企業の株主や顧客（取引先）、従業員といったステークホルダーとの望ましい関係性や、企業を監視する取締役会の設置など、上場企業の組織としてあるべき姿について記述されています。

主要な原則が適切に実践されることは、それぞれの会社において持続的な成長と中長期的な企業価値の向上のための自律的な対応が図られることを通じて会社や投資家、ひいては経済全体の発展にも寄与すると考えられています。

コーポレートガバナンス・コードの基本原則は次の5つです。

## 1　株主の権利・平等性の確保

上場企業には、株主が権利を確保し、同時にその権利を適切に行使できる環境を整備することが求められます。株主の権利を整備することは、株主との適切な協働を確保でき、企業の持続的な成長につながるためです。

また、少数株主や外国人株主については、権利の確保や行使などが適正であるか疑念が生じやすいため、権利の平等性については十分な配慮が必要です。

株主の権利・平等性を確保するための具体的な施策として、「資本政策の基本的な方針を説明すること」「株主の判断の役に立つ情報を正確に提供すること」などが挙げられます。

## 2 株主以外のステークホルダーとの適切な協働

株主以外のステークホルダーとの適切な協働とは、持続的な成長および中長期的な企業価値の創出は株主以外のステークホルダーによるリソースの提供や貢献の結果であることを認識することです。

企業が守るべき法令の遵守はもとより、企業倫理や地球環境、社会貢献等に対する考え方を含めて経営理念を制定したりしています。

## 3　適切な情報開示と透明性の確保

適切な情報開示と透明性の確保とは、上場会社は、会社の財務情報や、経営戦略やリスクやガバナンスに係る情報等の非財務情報について、法令に基づく開示を適切に行うとともに、法令に基づく開示以外の情報提供にも主体的に取り組むことをいいます。

公正で透明性のある情報を開示することは、株主やステークホルダーの利益を守るためだけではなく、企業が社会的信頼を得るためにも必要不可欠です。

ひとつの例として、株主およびステークホルダーにとって重要と判断される情報について、非財務情報を含めた自社のウェブサイトや東京証券取引所等のウェブサイトなどを通じて、積極的に情報開示を行ったりしています。

## 4　取締役会等の責務

取締役会等の責務とは、株主に対する説明責任などを踏まえ、経営陣や取締役に対して、独立した客観的な立場から監督することをいいます。これらの役割を担うのは「監査役会設置会社」「指名委員会等設置会社」「監査等委員会設置会社」の3社です。

会社から採用された3社のうち1社が、取締役会等の責務に該当する仕事を担当します。取締役会には、企業全体の体制を適切に構築し、内部監査を活用しながら企業の運用状況を監督する役割があります。

監督機能と業務執行機能の分離を行ったり、独立社外取締役を専任したりするほか、実効性の高い監督の実現に取り組んでいる事例もあります。

## 5　株主との対話

株主との対話とは、経営陣は株主総会の場以外でも株主との間で建設的な対話を行うべきことをいいます。経営陣は、株主との対話を通じて株主の関心や懸念に耳を傾け、経営方針や新規事業や既存事業の計画を含めた今後の施策などを分かりやすく、ステークホルダーに説明し、その中で懸念点があれば適切な対応が求められます。

具体的な施策例として、アナリストや機関投資家向けに決算説明会や四半期決算説明会を開催したり、株主向けには、株主総会後に経営陣が出席する株主懇親会を実施したりしています。

以上のようなコーポレートガバナンス・コードを遵守しない場合には、その理由を東京証券取引所に報告する義務があります。もし、コーポレートガバナンス・コードの各原則を実施しない理由を十分に説明できない場合は、東京証券取引所の上場規則違反に該当します。違反した場合、東京証券取引所の判断で「理由の説明義務に違反した企業」として公表されてしまう可能性があります。違反企業として公表されてしまうと、コーポレートガバナンスに則っていない企業という証明になり、社会的評価が下落してしまうことが予想され、上場廃止ということも考えられます。

その後、コーポレートガバナンス・コードは時代の変化に合わせるように2021年に改定されました。改定されたコーポレートガバナンス・コードのポイントとして、押さえておくべき以下の3点があります。

## 1　取締役会の機能の発揮

取締役会の構成において、以前よりも社外取締役の割合の増加など独立性を求める内容になっています。

○プライム市場上場企業において、独立社外取締役を3分の1以上選任
○指名委員会・報酬委員会を設置
○経営戦略に照らして取締役会が備えるべきスキル（知識・経験・能力）と、各取

締役のスキルとの対応関係を公表
○他社での経営経験を有する経営人材を独立社外取締役として選任

独立した社外取締役を3分の1以上選任しなくてはならず、各取締役が有しているスキルを一覧でまとめた「スキルマトリックス」の作成および公表も必要です。今回の改訂では、取締役会の機能が迅速かつ実効性のあるものになるよう記載されました。また、社外取締役の存在が形式化されないように、細かく規定が設けられたのも特徴です。

## 2　企業の中核人材における多様性（ダイバーシティ）の確保

企業の中核人材に多様性（ダイバーシティ）を持たせることが求められています。それらを確保するには、経営陣の意識改革が必要とされており、以下のポイントでの実行が求められています。

○コロナ後の不連続な変化に対応し、新たな成長を実現するには、経営陣にも多様な視点や価値観が必要

○取締役会や経営陣を支える管理者層にジェンダーや国際性、職歴、年齢等の多様性（ダイバーシティ）が確保され、中核人材が経験を重ねて取締役や経営陣に登用されるしくみを構築するのが必要

○将来的に女性、外国人、中途採用者の管理職への登用、中核人材の登用における多様性の確保についての考え方や自主的かつ測定可能な目標を明示

○多様性の確保に向けた人材育成、社内環境整備方針を実施状況とあわせて開示

## 3 サステナビリティ（ESG要素を含む中長期的な持続可能性）を巡る課題への取り組み

改定されたコーポレートガバナンス・コードでは、上場会社にサステナビリティ

（持続可能）に関して基本的な方針を策定するほか、その取り組みの開示を求めています。企業の立場で世界を持続的な状態にするためには、経済活動と環境や社会を保護・保全する活動を両立させながら事業や取り組みを行うことが求められます。

ＥＳＧとは、Environment（環境）、Social（社会）、Governance（ガバナンス、企業統治）を考慮した投資活動や経営・事業活動を指します。企業の長期的な成長に欠かせない要素としてＥＳＧが位置付けられています。

○中長期的な企業価値に向けて、リスクとしてではなく、収益機会としてサステナビリティに注目
○サステナビリティは従来要素の強かったＥ（環境）より、近年の人的資本の投資等のＳ（社会）の要素に有用性も指摘されており、効果的な取り組みが望ましい
○従来は「取締役会はサステナビリティの課題に積極的・能動的に取り組むよう

検討すべきである」という記述が、今回の改定で「検討を深めるべきである」と踏み込んだ表現となっており、上場会社はさらなるサステナビリティを促進してもらいたいといった表現に変化している

国際的に見るとすでにサステナビリティ関連における情報開示の制度検討や、情報開示の統一的な枠組みの策定に向けた動きがあります。日本企業に対しても、サステナビリティを意識した経営が求められるようになったのです。

以上のように、上場企業の株式は、株式市場が存在していつでも株式を売買できますが、それゆえ、会社は経営者だけのものでないことを認識し、コーポレートガバナンス・コードの基本事項をよく理解して対処しないと社会的信用を失いかねない、という国内的にも国際的にも圧力にさらされていると言えます。ですから、少数株主をぞんざいに扱うことはまずないでしょう。

しかし、非上場企業の株式は、株式市場もなく売買が困難であり、上場企業のような規制や監視がないため、経営者のやりたい放題が可能となっています。少数株主にぞんざいな取り扱いをしても社会的信用を失墜するようなこともありません。

だからこそ、換金できずに困っている非上場株式の少数株主が世の中に大勢います。そこで私たちがお役に立てるのであれば意義は大きいと思いました。

蛇足ですが、将来的には、非上場企業の経営者も安穏としていられなくなる可能性が出てきたことについても少し触れておきます。

## 非上場企業の将来は？

米国ウォール街を代表する投資銀行の一角であるゴールドマン・サックスが日本国内で銀行業の営業免許を取得したというニュースが、2021年7月7日付日本経済新聞電子版で報じられました。

これは、「事業承継の促進」をうたったM&A推進政策の流れでは、中小企業事業承継円滑化法の改正を軸とし、中小企業成長促進法などとして着々と進められてきたものの延長線上にあるという見方もあります。

菅義偉首相（2020年9月16日～2021年10月4日在任）が就任当初から推していた中小企業の再編に関する「産業競争力強化法案の一部を改正する等の法律案」では、「中小企業等経営強化法」をはじめ、さまざまな改正案が含まれており、その趣旨は「中小企業から中堅企業への成長促進」ということでしょう。生産性を上げるために中小企業を大きくしようと、菅首相が以前から提唱していたことですが、これは、要するにM＆Aのための支援措置を作っているとも捉えることもでき、実際、中小企業庁ではM＆Aビジネスを推進する研究会が立ち上がりました。

もうひとつは、「新型コロナウイルス感染症等の影響による社会経済情勢の変化に対応して金融の機能の強化及び安定の確保を図るための銀行法等の一部を改正する法律」（2021年5月19日成立）であり、要は銀行法の改正です。

コロナにかこつけた名前になっていますが、中身のポイントは、①銀行自体の業務の範囲の拡大と、②出資（議決権の取得等）の範囲の拡大という内容になっています。

銀行の本来業務の収益は減少の一途をたどってきたのですが、本来業務以外にも広く参入を可能とすることで、新たな収益確保の機会を創出しようという狙いと、これまで制限されていた議決権の取得を大幅に緩和して、非上場企業の株式であっても100％取得できるようにするというものです。

これにより、**銀行が地域の中小企業の経営に参加したり、経営権を奪うことも可能になると考えられます**。短期主義的ですぐに現金化しようとする銀行であれば、経営権を握った会社を外資などに売却することも予想され、外資銀行が中小企業を乗っ取ることが可能になるということを意味します。

ゴールドマンによる銀行業免許の取得の最大の目的は、まさにここにあるということかもしれません。金融庁によれば、外国銀行支店として銀行業の免許を取得しているのは、ゴールドマン・サックスがその一角に加わったことで2022年12月13日時点で、米国および中国系を含めて39行となっています。

そう遠くない将来に、邦銀と言わず外資系と言わず、支援の名を借りた買収合戦が各地で繰り広げられることになりかねないことを考えれば、今まで親族だけで「なあなあで」やってきた非上場企業も姿勢の変更を余儀なくされる日がくるのかもしれません。

次節では、株式の持株比率や議決権割合によって、どのような株主の権利があるのかを見ていきましょう。

# 持株比率、議決権割合と株主権利

株主は株式会社の実質的な所有者（オーナー）なので、会社に対して様々な権利を持っています。それらの権利を、権利の行使の要件に着目して分類すると、**単独株主権と少数株主権**の２つに分けることができます。

単独株主権とは、１株の株主でも行使できる権利で、**少数株主権とは、総株主の議決権の一定割合以上、または、発行済み株式総数の一定割合以上の株式を有する者だけが行使できる権利**です。この場合、複数の株主が共同して一定割合以上を持っていれば、権利行使できます。

株主の権利には、剰余金の配当を受ける権利など、会社から直接経済的利益を得ることを目的とする**「自益権」**と、会社の経営に参画するなど、権利を行使することにより株主全体の利益につながる**「共益権」**があります。

株主が、ある企業の発行済株式数のうち何割を持っているかという割合は、持株比率と呼ばれます。また、議決権とは、株主総会で投票を行うことができる権利のことで、株主の持つ権利のひとつです。

持株比率が高い株主ほど議決権の数も多く、会社に及ぼす影響は大きくなるため、資本業務提携やM&A契約においてこの持株比率を十分に検討する必要があります。

ここでは、議決権をはじめ、株主の諸権利などについて解説していきます。

普通株式だけを発行している会社の場合は、出資比率、持株比率が議決権比率と同率になりますが、自己株式や単元未満株、議決権制限株式などには議決権がないため、持株比率と議決権割合が一致しない場合があります。

また、これらとは逆に、**株式1つにつき2つ以上の議決権を定めたものもあり、これを多議決権株式、複数議決権株式**などと呼びます。

議決権制限株式、多議決権株式、複数議決権株式などのような種類株式が含まれている場合、種類株式の権利は様々な設計が可能であり、持株比率と議決権比率が同率とならない場合があるため注意が必要です。

## 持株数1株以上（単独株主権）

| 株主が行使できる権利の一覧 | |
|---|---|
| 基本 | 剰余金配当請求権 |
| | 残余財産分配請求権 |
| | 株主総会における議決権（※定款で議決権のない株式を定めることは可能） |
| 閲覧謄写 | 定款閲覧謄写請求権 |
| | 株主名簿閲覧謄写請求権 |
| | 株主総会議事録閲覧謄写請求権 |
| | 取締役会議事録閲覧謄写請求権（※監査役設置会社などの場合、「裁判所の許可」が必要） |
| | 計算書類閲覧謄写請求権（※会計帳簿閲覧請求権は少数株主権） |
| | 吸収合併契約書などの閲覧謄写請求権 |
| 株主総会 | 株主総会における議題提出権（※取締役会設置会社では少数株主権） |
| | 株主総会における議案提出権 |
| | 株主総会における議案通知請求権（※取締役会設置会社では少数株主権） |
| | 役員選任議案における累積投票請求権（※定款で剥奪可能） |

## 株主が行使できる権利の一覧

| | |
|---|---|
| 取締役会 | 取締役会招集請求権 |
| 差止請求 | 募集株式発行差止請求権・自己株式処分差止請求権 |
| | 新株予約権発行差止請求権 |
| | 取締役の違法行為差止請求権 |
| | 執行役の違法行為差止請求権 |
| | 略式組織再編行為の差止請求権 |
| 訴訟提起 | 会社の組織行為の無効確認訴訟提起権 |
| | 株主総会決議不存在確認の訴え提起権 |
| | 株主総会決議無効確認の訴え提起権 |
| | 株主総会決議取消の訴え提起権 |
| | 株主代表訴訟提起権 |
| | 特別清算開始申立権 |

## 少数株主権

| 保有比率 | 株主が行使できる権利 |
|---|---|
| 議決権の1%<br>または<br>議決権300個 | **株主総会議題提案権（取締役会設置会社の場合）**<br>株主総会における議題や議案を株主が提案し、株主総会の議題とすることを請求できる権利です。（取締役会非設置会社では単独株主権）<br>**議案通知請求権（取締役会設置会社の場合）**<br>株主が提出しようとする議案の要領を株主に通知することを請求することができます。<br>これによって、株主は自身の提案内容について他の株主にも広く賛同を募ることができます。（取締役会非設置会社では単独株主権） |
| 議決権の1% | **株主総会の招集手続等に関する検査役選任請求権**<br>株主総会に係る招集の手続きや決議の方法を調査させるため、検査役の選任申立てができます。 |
| 議決権の3%<br>または<br>発行済株式の3% | **業務執行に関する検査役の選任請求権**<br>業務の執行について不正や定款違反が疑われるときに、その調査のため、検査役の選任申立てができます。 |

| 保有比率 | 株主が行使できる権利 |
| --- | --- |
| 議決権の3%<br>または<br>発行済株式の3% | **会計帳簿閲覧請求権**<br>会社の営業時間内ならいつでも、会計帳簿またはこれに関する資料の閲覧・謄写を請求することができます。（計算書類閲覧請求権は、単独株主権）<br>**役員（取締役、会計参与及び監査役）解任請求権**<br>一定の要件のもと役員解任の訴えを裁判所に提起できます。役員の職務執行に際して不正や定款違反などが疑われるにもかかわらず、役員解任議案が否決された場合などに行使できます。<br>**清算人解任請求権**<br>一定の要件のもと清算人の解任を裁判所に申立できます。 |
| 議決権の3% | **役員等の責任軽減への異議権**（阻止権）<br>取締役会の決議によって役員の責任免除をするときに、それを阻止できます。<br>**株主総会招集請求権**<br>取締役に対して株主総会の招集を請求することができます。請求したのに株主総会が招集されない場合、裁判所の許可を得て株主自ら株主総会を招集できます。 |

| | |
|---|---|
| 議決権の10％<br>または<br>発行済株式の10％ | **会社解散請求権**<br>やむを得ない事由があるときは、訴えをもって株式会社の解散を請求することができます。<br>例えば、会社の業務が困難な状況に陥り、甚大な損害が生じた場合またはそのおそれがある場合や、会社の財産の管理や処分に問題があり、会社の存続を危うくする場合などが当てはまります。 |
| 議決権の10％ | **募集株式発行時の株主総会請求権（公開会社）**<br>募集株式を発行することにより支配株主が変わるときに、株主総会で募集株式の発行について決議を行うことを要求することができます。<br>**募集新株予約権発行時の株主総会請求権（公開会社）**<br>募集新株予約権を発行するときに、将来その新株予約権に株式が交付されることにより支配株主が変わる場合、株主総会で募集新株予約権発行について決議を行うことを要求することができます。 |
| 発行済株式の<br>33・4％以上<br>（3分の1超） | **特別決議への単独否決**<br>株主総会の特別決議を単独で阻止することが可能です。<br>特別決議は「議決権を行使できる株主の過半数（3分の1以上の割合を定款で定めた場合にあっては、その割合以上）の株主が出席し、出席した株主の議決権の3分の2（これを上回る割合を定款で定めた場合にあっては、その割合）以上が賛成しなければならない」と定めています。 |

| 保有比率 | 株主が行使できる権利 |
| --- | --- |
| 発行済株式の50・1%以上（2分の1超） | **普通決議への単独可決**<br>株主総会の普通決議を単独で可決することが可能です。取締役の選任、解任をはじめとして、役員報酬の変更、剰余金の配当など会社の意思決定のほとんどを自ら行うことができます。 |
| 発行済株式の66・7%以上（3分の2超） | **特別決議への単独可決**<br>株主総会の特別決議を単独で可決することが可能です。特別決議は「議決権を行使できる株主の過半数（3分の1以上の割合を定款で定めた場合にあっては、その割合以上）の株主が出席し、出席した株主の議決権の3分の2（これを上回る割合を定款で定めた場合にあっては、その割合）以上が賛成しなければならない」と定めています。 |
| 発行済株式の90%以上 | **特別支配株主の株式等売渡請求（スクイーズ・アウト）**<br>持株比率90%以上（これを上回る割合を定款で定めた場合はその割合）を一定の方法で保有している特別支配株主は、対象会社の承認を得るなど一定の手続きを経て、対象会社および特別支配株主以外のすべての株主に対して、対象会社の株式を特別支配株主に売り渡すよう請求することができます。 |
| 発行済株式の100% | **全ての決議への単独可決**<br>株式総会の全ての決議を単独で可決できます。一人会社や会社の単独創業者のＩＰＯ前などの状態です。 |

**※継続保有要件**

公開会社（譲渡制限のない会社）の場合は少数株主権の行使に当たって、持株比率に加えて継続保有の要件があります（非公開会社の場合はありません）。

継続保有要件とは、権利を行使する6カ月前から継続して株式を保有していなければ、権利を行使できないというルールです。この要件が必須となる権利は、表に挙げた株主総会議案提案権・株主総会の検査役選任請求権・役員解任請求権・株主総会招集請求権・会社解散の訴え提起権などがあります。

ここで、株主総会決議について見ていきましょう。

株主総会決議の種類には、**普通決議**、**特別決議**、**特殊決議**の3種類があります。

会社法では、決議事項によりその決議方法が定められており、決議方法が会社法に違反した場合には、総会決議取消しの訴えが認められます。

株主総会の決議の種類は、以下のように定められています。

| | 定足数（出席数の要件） | | 表決数（賛成数の要件） | |
|---|---|---|---|---|
| | 原則 | 例外（定款で別段の定めをした場合） | 原則 | 例外（定款で別段の定めをした場合） |
| 普通決議 | 議決権の過半数 | 定款で自由に変更可能（定足数撤廃も可能） | 出席株主の議決権の過半数 | 定款での変更は不可 |
| 特別決議 | 議決権の過半数 | 定款で変更可能 ただし、３分の１未満への引き下げは不可 | 出席株主の議決権の３分の２以上 | 定款で３分の２を超える割合への変更が可能 |

| | | 特殊決議A |
|---|---|---|
| 定足数（出席数の要件） | 原則 | なし |
| | 例外（定款で別段の定めをした場合） | － |
| 表決数（賛成数の要件） | 原則 | ①**頭数**<br>株主総会で議決権を行使できる株主の半数以上（これを上回る割合を定款で定めた場合は、その割合以上）<br>かつ、<br>②**議決権**<br>株主総会で議決権を行使できる株主の議決権の３分の２（これを上回る割合を定款で定めた場合は、その割合）以上 |
| | 例外（定款で別段の定めをした場合） | ①半数を上回る割合を定めることは可能<br>②３分の２を上回る割合を定めることは可能 |

| | | 特殊決議B |
| --- | --- | --- |
| 定足数（出席数の要件） | 原則 | なし |
| | 例外（定款で別段の定めをした場合） | − |
| 表決数（賛成数の要件） | 原則 | **①頭数**<br>総株主の半数以上（これを上回る割合を定款で定めた場合は、その割合以上）<br>かつ、<br>**②議決権**<br>総株主の議決権の4分の3（これを上回る割合を定款で定めた場合は、その割合）以上 |
| | 例外（定款で別段の定めをした場合） | ①半数を上回る割合を定めることは可能<br>②4分の3を上回る割合を定めることは可能 |

次に、株主総会の決議事項についてです。会社法上、株主総会の決議が必要とされている事項は以下のとおりです。

## 取締役会設置会社

| 決議の種類 | 決議事項 |
|---|---|
| 普通決議 | 自己株式取得に関する事項の決定 |
| | 株主総会に提出された資料等を調査する者の選任 |
| | 株式会社の業務及び財産の状況を調査する者を選任 |
| | 株主総会の延期または続行の決議 |
| | 役員および会計監査人の選任・解任 |
| | 会社と取締役との間の訴えにおける会社の代表者の決定 |
| | 会計監査人への出席要求 |
| | 計算書類等の承認 |
| | 資本金の額の減少 |
| | 準備金の額の減少 |
| | 資本金の額の増加 |

| 決議の種類 | 決議事項 |
| --- | --- |
| 普通決議 | 準備金の額の増加 |
| | 剰余金の処分 |
| | 剰余金の配当 |
| | 株主総会の議長の選任 |
| | 株主総会の議事運営に関する事項の決定 |
| 特別決議 | 譲渡制限株式の買取 |
| | 特定の株主からの自己株式取得に関する事項の決定 |
| | 全部取得条項付種類株式取得 |
| | 譲渡制限株主の相続人に対する売渡しの請求 |
| | 株式の併合 |
| | 募集株式または募集新株予約権の発行のための募集事項の決定 |
| | 募集事項決定の委任 |
| | 株主に株式または新株予約権の割当を受ける権利を与えるための諸事項の決定 |

| 特別決議 |
| --- |
| 累積投票取締役または監査役の解任 |
| 役員の責任の一部免除 |
| 資本金額の減少 |
| 現物配当 |
| 定款変更 |
| 事業譲渡の承認 |
| 解散 |
| 解散した会社の継続 |
| 消滅会社等における吸収合併契約等の承認 |
| 存続会社等における吸収合併契約等の承認 |
| 新設合併契約等の承認 |
| 株式交付計画の承認 |

| 決議の種類 | 決議事項 |
| --- | --- |
|  | 公開会社から非公開会社への変更（定款変更） |
|  | 人的属性に基づき株主の権利を取扱う定款の変更 |
| 特殊決議A | 吸収合併契約等の承認（783条1項）のうち、消滅する会社が公開会社であり、かつ、株主に対して交付する金銭等の全部または一部が譲渡制限株式等の場合 |
|  | 新設合併契約等の承認（804条）のうち、合併または株式移転をする会社が公開会社であり、かつ、株主に対して交付する金銭等の全部または一部が譲渡制限株式等の場合 |
| 特殊決議B | 非公開会社が株主の権利について株主ごとに異なる取扱いを行う旨を定款で定めるための定款変更 |

取締役会設置会社では、日常的な経営判断は株主総会ではなく取締役会によって判断されることが期待されています。

そのため、株主総会は特に重要な事項についての決議のみが認められています。

具体的には、会社法に規定する事項、またはその会社の定款に定めた事項に限って決議することができます（会社法第295条）。

## 取締役会非設置会社

| 決議の種類 | 決議事項 |
|---|---|
| 普通決議 | 譲渡制限株式・譲渡制限新株予約権の譲渡による取得承認 |
| | 譲渡制限株式の割当 |
| | 募集新株予約権の割当 |
| | 取得条項付株式・取得条項付新株予約権の取得日 |
| | 取得する取得条項付新株予約権の決定 |
| | 株式分割 |
| | 株式・新株予約権無償割当 |

| 決議の種類 | 決議事項 |
| --- | --- |
| 普通決議 | 代表取締役その他の代表者の選定 |
| | 取締役の競業および利益相反取引の承認 |
| | 会社の組織、運営、管理その他株式会社に関する一切の事項 |
| 特別決議 | 譲渡制限株式の買取 |
| | **譲渡制限株式の指定買取人の指定** |
| | 特定の株主からの自己株式取得に関する事項の決定 |
| | 全部取得条項付種類株式取得 |
| | 譲渡制限株主の相続人に対する売渡しの請求 |
| | 株式の併合 |
| | 募集株式または募集新株予約権の発行のための募集事項の決定 |
| | 募集事項決定の委任 |
| | 株主に株式または新株予約権の割当を受ける権利を与えるための諸事項の決定 |
| | **譲渡制限株式の場合の募集株式割当先等の決定** |
| | **譲渡制限株式の場合の募集株式総数引受契約締結** |

| 特別決議 |
| --- |
| **譲渡制限株式の場合など一定の場合における、募集新株予約権の割当て** |
| **譲渡制限株式等の場合の募集新株予約権総数引受契約締結** |
| 累積投票取締役または監査役の解任 |
| 役員の責任の一部免除 |
| 資本金額の減少 |
| 現物配当 |
| 定款変更 |
| 事業譲渡の承認 |
| 解散 |
| 解散した会社の継続 |
| 消滅会社等における吸収合併契約等の承認 |
| 存続会社等における吸収合併契約等の承認 |
| 新設合併契約等の承認 |
| 株式交付計画の承認 |

| 決議の種類 | 決議事項 |
|---|---|
| 特殊決議A | 公開会社から非公開会社になるための定款変更<br>吸収合併契約等の承認（783条1項）のうち、消滅する会社が公開会社であり、かつ、株主に対して交付する金銭等の全部または一部が譲渡制限株式等の場合<br>新設合併契約等の承認（804条1項）のうち、合併または株式移転をする会社が公開会社であり、かつ、株主に対して交付する金銭等の全部または一部が譲渡制限株式等の場合 |
| 特殊決議B | 非公開会社が株主の権利について株主ごとに異なる取扱いを行う旨を定款で定めるための定款変更 |

※表中の特別決議事項の太字は、取締役会設置会社にはない決議事項です。

取締役会非設置会社においては、株主総会が会社に関するあらゆる事項を決定する権限を持っています（会社法295条）。

そのため、取締役会設置会社の場合よりも、株主総会決議事項が増えます。

具体的には、普通決議の対象は、会社に関するあらゆる事項に拡大します。

また、特別決議についても、一部拡大しています。

**普通決議**とは、株主総会の決議で原則としてなされる決議方法です（会社法第309条第1項）。決議の要件がもっとも簡易であり、特別決議や、特殊決議が必要とされている事項以外を決議する場合には、この普通決議によることになります。原則として、議決権の過半数の株主が出席することが必要（定足数）で、その出席株主の議決権の過半数の賛成が必要です。

ただし、定款に定めをおけば普通決議の要件を変更することも可能で、例えば、定足数の要件を完全に撤廃することも可能です。

**特別決議**とは、株主総会決議のうち、会社法第309条2項各号に列挙された、特に重要な事項を決定する場合に必要とされる決議です。原則として、議決権の過半数を有する株主が出席し、出席した株主の議決権の3分の2以上の賛成を必要とする決議です。

**特殊決議**とは、会社にとって特に重要な事項を決議するために必要とされる株主総会決議です。特別決議の対象となる事項も重要な事項ですが、特殊決議はさらに重要な事項が対象となっており、限定的な場面でのみなされる決議です。そのため、特別決議以上に、厳しい要件が課されています。会社法上、2種類（会社法第309条第3項、同第4項）に分かれており、それぞれ対象となる決議事項や決議要件が異なります。いずれの特殊決議でも、特別決議と異なり、決議の要件に株主人数（頭数）の要件と、議決権数の要件が両方必要になっています。

なお、特殊決議では、特別決議と異なり、定足数の要件がありません。具体的には、309条3項で定められている特殊決議は、原則として、議決権をもつ株主の半数（株主の人数・頭数による要件）以上で、かつ、その株主の議決権の3分の2以上の賛成が必要とされます。

また、309条4項の特殊決議は最もハードルが高い決議で、総株主の過半数で、かつ、総株主の議決権の4分の3以上による賛成が必要となります。

なお、いずれの特殊決議も、これらの数・割合を定款でさらに加重することが認められています。

第2章

# なぜ非上場株式は売却が困難なのか？

# 同族会社

同族会社とは、分かりやすく言うと特定の支配株主によって経営権が握られている会社のことです。

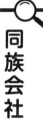

具体的には、3人以下の株主等、およびこれと「特殊の関係」にある個人および法人（これを「同族関係者」といいます。）が、発行済株式総数または出資総額の50％超を保有している会社などを指します。

法人税法上は、同族会社＝親族経営というのではなく、特定の関係にある個人あるいは法人が一定数以上の株式を保有していたり、出資を行っていたりする場合に、その会社は同族会社とみなされます。組織の中心人物によって独占的に支配されやすいため、税制上の特別な措置が設けられているのが特徴です。なお、同族関係者の範囲は、以下の通りです。

**〈個人の場合〉**

1 株主等の親族（配偶者、六親等以内の血族、三親等以内の姻族）
2 株主等と事実上婚姻関係と同様の事情にある者
3 個人株主等の使用人
4 上記3項目以外の者で、株主等から受ける金銭やその他の資産により生計を維持している者
5 上記2から4に該当する者と生計を一にする、これらの者の親族

〈法人の場合〉　※代表的な類型のみ紹介します。

1　株主等の1人が、発行済株式総数または出資総額の50％超を保有する他の会社

2　（a）株主等の1人と、（b）上記1の会社とで、併せて発行済株式総数または出資総額の50％超を保有する他の会社

3　（a）株主等の1人と、（b）上記1の会社と、（c）上記2の会社とで、併せて発行済株式総数または出資総額の50％超を保有する他の会社

同族会社のメリットには、次のような点が挙げられます。

## 1　コストが節減できる

親族は通常の従業員よりも安い報酬で働いてくれることがあります。創業当初や経営状況が苦しい場合、人件費を削減するための報酬の減額にも他の従業員よりも応じてもらいやすいことが多いです。

## 2　迅速に意思決定を行える

同族会社では、経営権が一部に集中する形をとっているため、スムーズでスピーディな意思決定が可能です。同族会社の性質として、親族や家族などかかわりが深い人物のみで経営権を握っているため、経営方針の共有がしやすいからです。

## 3　円滑に事業継承ができる

同族会社の場合、あらかじめ後継者に経営権を握らせやすい傾向にあります。そのため、スムーズな事業継承も実現できます。

## 4　資産を増やせる

同族会社の経営陣は、リターン（報酬・収入）が手元に入りやすくなっています。そのため、経営陣の資産を増やせるというメリットがあります。

一方、同族会社のデメリットにはどのようなものがあるのか見てみましょう。

## 1　経営者による会社の私物化が起こりやすい

同族会社は、オーナーなど一部の人物により経営権が独占される状況が起こりやすく、どうしても会社の私物化が起こりやすい側面があります。実際、過去に多く見られる同族会社の不祥事では、経営陣などが会社の経費を使い込んだり、私的流用したりといった例も多く見られます。

また、人事面でも経営陣の思うままにされる場合もあり、権力を利用した不当人事が起こりやすいというのも事実です。このようなことが日常的に行われるようになると、従業員の士気が削がれてしまうという面も否めません。同族会社においては、経営陣が公明正大かつ良識ある経営を行っていれば問題にはならないものの、なかなかそうはいかない点に注意が必要です。

## 2 後継者の選択肢が少ない

親族や家族で経営していることの多い同族会社は、後継者の選択肢が少ないという問題があります。家族内で必ずしもふさわしい後継者を見つけられるとは限らず、もし該当者がいないときには外部から新たな人材を探してくる必要があります。そのため、同族会社では、なるべく早い段階で後継者探しを行い、経営における情報についても共有していかなければなりません。

## 3 税務に関して厳しい規定が設けられている

同族会社は、節税を盾とした不正行為が行われやすい点から、税法で厳しい規定（同族会社における法人税の特別規定）が設けられています。そのため、税務面で不利になりやすいとされています。

我が国のファミリービジネス（同族企業、同族経営）が全法人に占める割合は諸外国に比べても高く、実際にファミリービジネス白書（2022年）では、上場企業（東証）の50％以上がファミリービジネスであると推計しています。

ファミリービジネスはその事業規模によって、家族経営（小規模事業者）、中小企業、大企業に大別されます。多くのファミリービジネスは家族のみ、もしくは家族に少数の非一族の社員を加えた小規模事業者として創業します。その後、創業時の苦労を乗り越え、徐々に売上を伸ばし、知名度や信用を構築していくことで、非一族の社員や経営人材を拡充しながらもオーナーがリーダーシップを発揮する中小企業へ成長します。こうした中小企業が地域の名手としての地位やブランドを確立し、他地域や他業種・業界への進出などを契機に、大企業へと成長を遂げるのです。

## 譲渡制限

もともと株式には、譲渡自由の原則があります（会社法127条）。

この原則が設けられている理由は、株主が投下した資本を回収するためには、会社の解散に伴う残余財産の分配および剰余金の配当などを除くと、株式を譲渡するしか方法がないためであると考えられています。

株式譲渡自由の原則により、株主は、保有する株式について、たとえ相手が見ず知らずの第三者であっても、自由に譲渡することが可能です。

ところが、株式譲渡自由の原則には、例外が存在します。これが、定款の定めによる譲渡制限であり、**株式に譲渡制限（譲渡に会社の承認が求められる旨）を付与することを定款に定めることが可能です（会社法107条1項1号、108条1項4号）**。このような株式を、譲渡制限株式と呼んでいます。

この規定があれば、会社が望まない人物に自社の株式をもたせないようにすることができます。たとえば、家族で経営している会社の場合を考えてみた場合、もし家族以外で経営に対して非協力的な人物に株が渡れば、経営に口出しするようになり、事業が円滑に進まなくなる可能性があります。このような事態を避けるため、株式の売買、譲渡などに制限をかけることができるのです。

これに対して、このような**譲渡制限の規定を設けていない会社は「公開会社」と言います**（この場合の「公開」とは、上場しているという意味ではありません。）。

会社法が施行されるまでは、大規模な会社は株式会社、中小規模の会社は有限会社という住み分けがありましたが、会社法では有限会社制度を廃止し（新たな有限会社は作れなくなりました）、株式会社一本にまとめています。ですから、同じ株式会社でも大規模企業向けの会社と、従来の有限会社に相当するような中小規模企業向けの会社2つに区分けされています。その区分けは、以下のような「公開会社」と「株式譲渡制限会社」にあたります。

●公開会社…………一部の株式でも譲渡の制限をつけない会社
大規模企業向け
●株式譲渡制限会社……すべての株式に譲渡の制限をつけている会社
中小規模企業向け

株式譲渡制限のメリットには以下のような点が挙げられます。

## 1　意図しない人物に自社株式が渡ってしまうことを防止

会社にとって望ましくない人物に株式がわたるのを未然に防ぐことができます。特にスタートアップや中小企業などでは、会社にまったく関係のない者や対立関係にある者などが株主になってしまうと、会社が乗っ取られたりして実質的に経営が困難になる可能性が高いため、信頼関係にある者に株主を限定したいというニーズがあります。

譲渡制限株式を活用することで、株主総会や取締役会などの承認を得ない限り、第三者に対して株式を譲渡できないよう制限を設けることができ、株主として好ましくない第三者が会社の経営へ参画することを未然に防ぐことが可能となるのです。

## 2　会社を安定化させる

会社法によって、取締役・会計参与は2年、監査役は4年と任期が規定されていますが、発行するすべての株式が譲渡制限株式である会社の場合は、定款に定めることにより、それぞれ10年まで任期の延長が可能になります。

## 3　取締役会の設置義務がない

公開会社は、取締役会を設置しなければなりません。ということは、自動的に取締役3名以上、監査役（または会計参与）1名以上が必要ということになります。それに対し、株式譲渡制限会社は、取締役会を設置しなくてもよいため、取締役が1名以上いればよいことになります。

## 4　取締役・監査役の資格を限定できる

株式譲渡制限会社では、定款に定めることにより、取締役・監査役の資格を「株主に限る」などと制限することが可能になっています。公開会社では、制限を設けることはできません。

## 5　相続などでの株の分散を防止できる

株式譲渡制限会社では、定款に定めることによって、相続などで移転した譲渡制限株式について、会社が相続人に対して売渡を請求することが可能になります（会社法第174条～第177条）。これにより、相続による株式の分散や、会社にとって不都合な人物が相続により株式を取得することを防止できます。

## 6　株主総会招集手続きの簡略化

株主総会は、原則開催日の2週間前に書面またはメールにて通知しなければなりませんが、株式譲渡制限会社の場合は、原則開催日の1週間前、条件が揃えばさらなる短縮も可能です。また、口頭による召集が認められています。

そのほかにも**「株券原則不発行」**、**「監査役の業務を会計監査に限定できる」**などのメリットがあります。

なお、譲渡制限については、種類株式として設定する方法以外に、株主間契約としても設定できます。例えば、譲渡に際して経営株主の承認を得る旨を設定することで、実質的に譲渡を制限することが可能です。

## 特別支配株主による株式等売渡請求

株式等売渡請求は、少数株主を排除して経営権を集中させるための手段として非

**常に有効な制度です。**また、事業承継や企業の合併・買収（M&A）の場面でも広く利用されている制度です。

株式等売渡請求とは、対象会社の総株主の議決権のうち10分の9以上を有する特別支配株主（原則として1人または1社で保有株式要件を満たす必要があります）が一定の条件等を定めて対象会社に対して通知を行い、対象会社においてその承諾や売渡株主に対する通知や公告などの手続きを経ることによって、「少数株主が有する株式など（株式、新株予約権、新株予約権付社債）を強制的にすべて取得することができる制度」のことをいいます。株式等売渡請求の対象となる会社は、公開会社だけでなく、非公開会社も含まれます。

特別支配株主の株式等売渡請求制度は、平成26年の会社法改正によって創設された制度ですが、改正前も、全部取得条項付種類株式を利用することによって、少数株主の株式などを強制的に取得することは可能でした（会社法108条1項7号）。

しかし、この方法は、株主総会決議が必要であること、複雑な手続きが必要であることなどから迅速に手続きを進めなければならないM&Aの場面での不都合性が指摘されていました。

特別支配株主の株式等売渡請求は、株主総会決議が不要であるなど従来の制度に比べて簡略化され、少数株主を排除する必要がある場面ではスムーズに実行することが可能になりました。

## 株式等売渡請求を用いたスクイーズ・アウト

スクイーズ・アウト（Squeeze Out）とは、少数株主の個別同意を得ることなく、支配株主が少数株主の保有するすべての株式を金銭その他の財産を対価として取得することをいいます。つまり、**多数派株主が少数株主の株式を強制的に買い取ってしまうことです。M&A後の会社運営を円滑化するために、少数株主の会社経営への影響力を排除することを目的として行われることが多いです。**

支配株主にすべての経営権を集中させることが可能になることで、会社の意思決定が迅速になり、株主管理に要する事務作業の軽減も可能になります。

また、株主間の対立によって生じる経営の停滞や支配権をめぐる紛争も回避する効果があります。仮に経営判断の誤りによって会社に損害を与えたとしても、少数株主から訴訟を提起されるリスクがなくなるというメリットもあります。

少数株主が保有する株式の売却に応じてくれれば問題はないのですが、経営方針に反対する株主は簡単には売却に応じてくれないでしょう。そのような場合には、株式等売渡請求を利用してスクイーズ・アウトを実施することで、スムーズな株式取得が可能になります。

先ほど述べたように、全部取得条項付種類株式や株式併合などの従来のスクイーズ・アウトの手段に比べて、株式等売渡請求は手続きが簡易化されていますので、スクイーズ・アウトを目指す企業にとってはメリットの大きい制度であるといえます。具体的には、株主総会決議を経ることなく、取締役会決議で行うことができるという点、また、株式の端数処理も不要となりますので、スクイーズ・アウトを実現するための期間が大幅に短縮することができます。

M&Aなどの場面では、早急にスクイーズ・アウトを完了させる必要がありますので、株式等売渡請求は、効果的なM&Aを実現する手段として有効に機能します。

# 相続人等に対する売渡請求

中小企業においては、かつては兄弟や親族によって経営をしていた会社が少なくありません。ところが、創業者から子へ、子から孫へと、株式が相続され、孫や曾孫以降になると、会社の役員でもなく従業員でもなく経営に全く関与していない、といったケースは多く見受けられます。世代が進むにつれて、一族全体での経営から特定の家族が経営を承継していることも多いと思います。

例えば、創業者である父親が経営していた会社を長男が引き継いで経営しているのに、株主は兄弟3人になっているようなケースもあります。その兄弟に相続が起きて、現在の株主には甥や姪がいる、というようなケースも多く存在します。

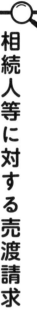

このように、株を保有している人に相続が発生した場合に、その相続人は会社とは関係が薄かったり、またはその相続人に株式を承継されることが会社にとって好ましくない事態を生じさせる可能性もあります。

会社法は、このような事態を避けるために、会社が株を相続した人に対して売渡請求を行い、その人の同意がなくても、その株式を会社が取得することができるものとしています。

相続人に対して株式の売渡請求を行うための前提条件は下記の通りです。

1　その株式が譲渡制限株式である
2　定款に売渡請求ができる旨の内容を定めている
3　株主総会の特別決議の承認を得る
4　被相続人の死亡から1年以内に売渡請求の通知をする
5　剰余金の分配可能額の範囲内の買取である

2にあるように、定款に相続人に対する株式の売渡請求の記載があったとしても、実際に相続人に対して売渡請求をするかどうかは任意です。

3の相続人に売渡請求をすることを決定する株主総会において、株式を承継した売渡請求の対象となるその相続人等は、議決権を行使することができない点に注意が必要です。

これは、少数株主に相続が発生したときだけではなく、主要な株主に相続が発生した場合でも同様です。例えば、創業者であり大株主である被相続人に相続が発生した場合、残りの株式を保有する少数株主から、創業者の相続人である後継者に対して売渡請求がされて、支配権を失う可能性もあるということです。

# 第3章

# 非上場株式保有の問題点

## 売りたくても売れない、換金できない

前述のように、非上場株式は上場会社と違って株式市場がないため、買い手を探すのが非常に困難です。また、非上場株式の多くが「同族会社」であったり、「譲渡制限」付きの株式であるために、思うように株式譲渡できないことがほとんどです。会社に買取を依頼しても拒否されたり、額面のような、会社本来の価値とかけ離れた低価格でしか買わないと言われたりする例が本当に多いです。

他に買い手が見つからない以上、買取義務のない株式発行会社が買わないと言えばそれ以上なす術はなく、泣き寝入りするしかありません。つまり、「宝の持ち腐れ」

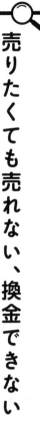

「塩漬け状態」となります。

このように、非上場株式の場合は、**「買い手が見つからない」「見つかっても買い叩かれる」**という状況がほとんどなのです。

これだけではありません。売りたくても売れない、現金化できない。それなのに、税金の問題が出てくるのです。

## 税金の問題

「はじめに」でご紹介したA氏の事例以外に、B氏の事例をご紹介します。A氏と

CASE 00

**機械製作所W社、B氏の事例**

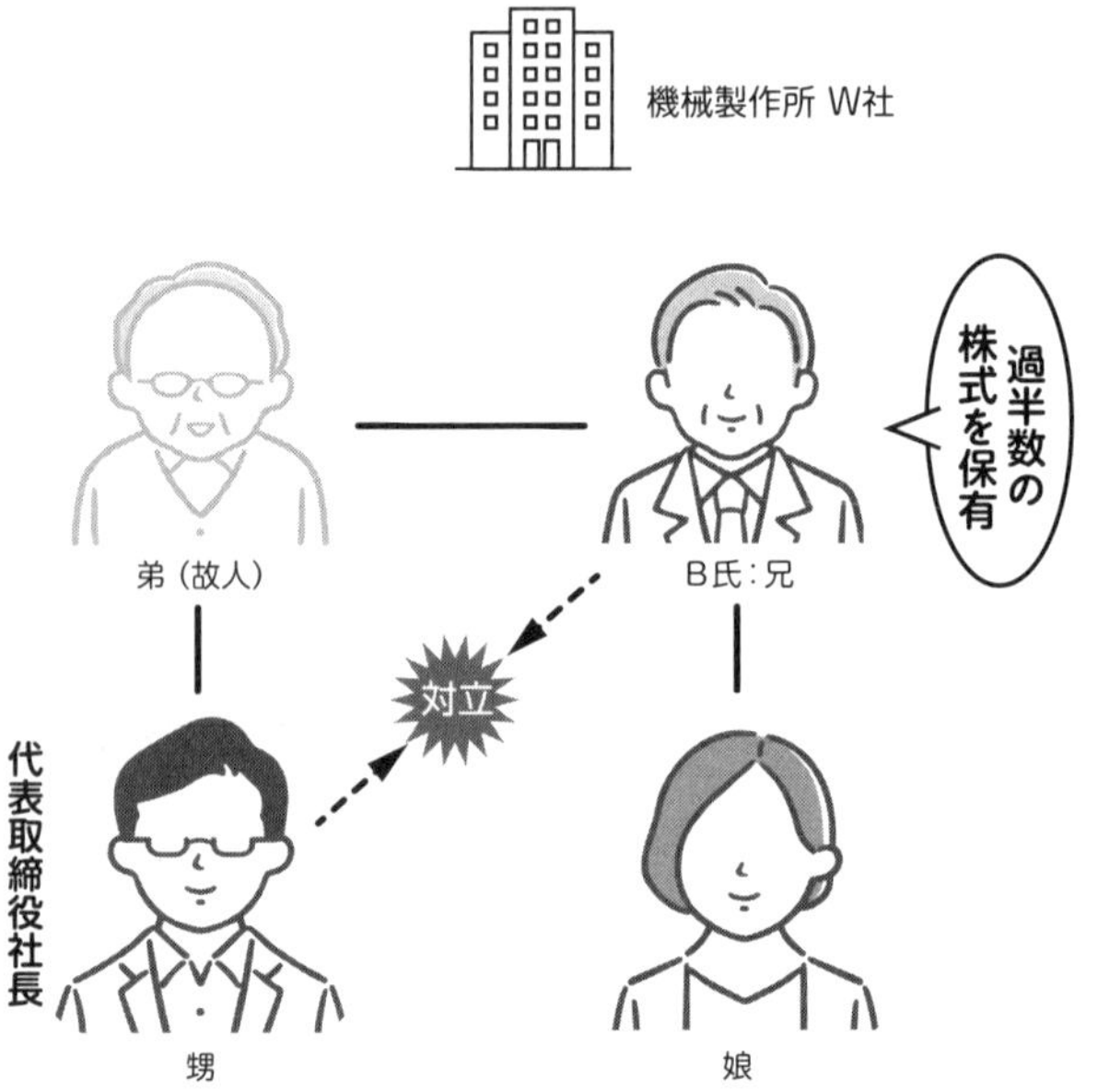


娘の相続税を試算すると、

**1,000万円以上！**

同様に、相続税が心配でのご相談でした。

B氏のお父様が創業したW社（同族会社）は、中部地方の企業城下町で大手から安定した受注を続けている機械製作所です。お父様からの相続により兄弟で株を各々保有し、経営陣として、そろって経営に参画していました。

ところが、B氏（兄）がW社を退いてから数年後に弟が亡くなりました。B氏には娘しかいなかったため、弟の息子（B氏の甥）が後継者となり、代表取締役社長に就任しました。

B氏の株式保有比率は過半数を超えていたため、後継者である現社長は、伯父が普通決議を単独で可決できることが心配だったようです。これでは、思うように経営ができません。

そんな状況の中、Ｂ氏も80歳という高齢により、娘への相続時に発生する相続税の問題が気になっていたため、税理士を介して、現社長である甥に自分の株式を全て買取ってくれるよう頼んでみました。

ところが、社長は、額面５００円／株以外では応じないとの回答でした。

その後も交渉に全く取り合ってもらえないまま数年が過ぎようとしていました。

Ｗ社の年商は毎期４億円、経常利益もコンスタントに２０００万円ほどあり、自己資本比率76％、簿価純資産も５０００円／株ほどある優良企業であるにもかかわらず、額面５００円／株でしか買い取らないと言われれば、それ以上交渉は平行線でなすすべがありません。

一方で、税理士に相談したところ、相続税を納めるには1000万円以上の現金を準備しないといけないと言うのです。

B氏は「現金化できない株式に高額な税金を支払わないといけなくなる」ということをずっと心配されていてのご相談でした。

ここで、非上場株式にまつわる税金について触れておきます。

## みなし譲渡所得課税

みなし譲渡とは、所得税法上の用語です。個人（売主）が時価（所得税法上の時価）

よりも著しく低い対価の額で株式を譲渡した場合には、譲渡所得金額の計算上、譲渡収入の金額は所得税法上の時価とみなされるというものです（所得税法59条）。

みなし譲渡として所得税が課税されるケースには、次のようなものがあります。

## 1　個人が法人に資産を無償で譲渡（贈与）した場合

資産を贈与した個人は法人からお金を受け取らないため、本来、譲渡所得は発生しません。この考え方にもとづいて、実際の時価が高いにもかかわらずそれを考慮せずに贈与すれば、本来負担すべき所得税の負担を回避することができます。このような税負担の回避が行われないように、税法上は資産を時価で譲渡したとみなして譲渡所得を計算します。贈与した資産の時価が取得価額より高い場合は、その値上がり益が譲渡所得となります（実際には他の譲渡所得との損益通算や特別控除額の控除などを行います）。

## 2 個人が法人に資産を著しく低額で譲渡した場合

個人が法人に資産を著しく低額（時価の2分の1未満）で譲渡した場合です。資産を低額で贈与した個人は、法人からお金を受け取っても値上がり益を得られないため、譲渡所得は発生しません。この考え方にもとづいて、実際の時価より極端に低い価額で譲渡すれば、所得税の負担を回避することができます。

このような税負担の回避を防ぐため、低額譲渡の場合も資産を時価で譲渡したとみなして譲渡所得を計算します。

## 3 遺産を限定承認で相続した場合

亡くなった人の遺産を限定承認で相続した場合は、故人から相続人に対するみなし譲渡となります。限定承認とは遺産相続の方法のひとつで、故人に借金がある場合に受け継いだ遺産の額を限度に返済するものです。

遺産を限定承認で相続すると、税法上は故人が相続人に資産を時価で譲渡したとみなして譲渡所得を計算します。遺産に土地や株式など値上がりするものがあれば、実際に売却しなくても含み益に所得税が課税されます。

限定承認による相続で発生するみなし譲渡所得は故人のものですが、故人は所得税を申告することができません。故人が申告する代わりに、死亡から4カ月以内に相続人が準確定申告をします。

申告した所得税は納付するまで故人の債務になりますが、故人の借金と所得税を合わせた債務の額が遺産より多い場合は、所得税の納税は免除されます。限定承認では、受け継いだ遺産の額を超える債務は引き継がなくてよいからです。

なお、限定承認で相続した遺産をのちに売却する場合は、相続時の時価を取得価額とします。もともとの取得価額から所得を計算すると、限定承認をしたときの含み益の部分が二重に課税されるからです。

# みなし贈与課税

みなし贈与とは、相続税法上の用語です。個人間で時価（相続税法上の時価）よりも著しく低い対価で株式を取得した場合には、時価との差額については、売主から贈与を受けたものとして贈与税が課されるというものです（相続税法7条）。

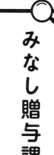

みなし贈与の判断基準は法律などで決められているわけではないので、明確な基準とは言えず、過去の裁判の判決などを元に判断しているのが実情です。

「社会通念上著しく低い価格」で取引することで、実質的に贈与となっていることや、相手に経済的利益が生じるような場合には、みなし贈与と判断されます。

個々の難しいケースの場合は、税務署が判断することになります。実際に税務署がどう判断するかは、さまざまな事情を考慮の上、〝社会通念にしたがい〟、判断されるということにご留意ください。

## 相続税

「はじめに」でも述べましたが、非上場株式の相続税は、国税庁が作成している「財産評価基本通達」の「取引相場のない株式等の評価」に基づいて、相続する株式の相続税評価額というものを元に計算されます。

取引相場のある上場株式のように、取引所の株価という客観的な数字で株価を評価することができないためです。

相続税評価額は、相続する株式や会社規模、業種により異なります。

非上場株式の中でも上場株式に近い規模の大会社から、個人企業並みの小規模会社まで、その内訳は千差万別です。よって、非上場株式の評価方法を定める財産評価基本通達では、取引相場のない非上場株式を、規模に応じて大会社・中会社・小会社に区分し、区分に応じてそれぞれに即した評価方式を定めています。

また、贈与や相続で取得した株主が、同族株主かそれ以外の株主かによって、会社経営への影響度（支配力）が変わり、支配力によってその株式を保有している目的も変わってくると考えられるため、同族株主か否かでも評価方法が変わってきます。

支配権を有する同族株主が保有する株式の評価は、会社の業績や資産内容等を反映した**原則的評価方式**（類似業種比準方式、純資産価額方式およびこれらの併用方式）により評価し、同族株主以外の少数株主が保有する株式は、**特例的評価方式**（配当還元方式）により評価することになります。一般的に特例的評価方式（配当還元方式）による評価の方が株価は低くなる傾向にあります。

また、評価対象会社が保有している資産の大半が株式・土地等といったような、資産内容が特異な会社、創業間もない会社・休眠会社等の営業状態が特異な会社（特定会社）は、通常の事業活動を前提としている原則的な評価方法は馴染まないため、特定会社として個別にその評価方法が定められています。

※税法には改訂があり、特例制度も多数あるため、税金については税理士と相談しながら判断することをおすすめします）

## 1 類似業種比準方式

類似業種比準方式は、業種が類似している上場企業を参考に株価を評価する方法です。株価を評価したい非上場会社と事業内容が似た業種の上場会社の株価や配当・利益・純資産の3つの比準要素を比較して株価を計算します。

分かりやすくいえば、繊維に関する事業をしている会社の株式を相続したのであれば、帝人や東レの株式を参考に評価額を算出する方法です。類似業種比準価額方式では、純資産価額方式よりも株価が安く算出される傾向にあります。

## 2 純資産価額方式

純資産価額方式とは、会社を解散させたときに株主に分配される財産の価値で株価を評価する方法です。

会社を解散させるときは、保有する資産で借入金などの債務を返済し、必要に応じて法人税を支払ったあとに残った純資産が株主に分配されます。純資産価額方式では、貸借対照表に記載された保有資産を相続税評価額に置き換え、債務や法人税などを差し引いた残りの金額を、発行株式数で割って株価を算出します。

純資産価額方式のおおよその評価額を知りたいときは、貸借対照表に記載された純資産を発行株式で割るとよいでしょう。

## 3 配当還元方式

配当還元方式は、評価しようとする会社から受け取れる配当金額にもとづいて、1株あたりの評価額を計算する方法です。簡単な計算式で算出できる代わりに、類似業種比準価額方式や純資産価額方式よりも低い株価となります。

同族株主等は、会社の経営に直接かかわれるだけでなく、会社を売却して換金することも可能です。一方で株式を少ししか保有していない少数株主は、配当をもらえることくらいしか株式を保有するメリットはありません。

少数株主にとって株式の価値は、同族株主等と比較して相対的に低いため、原則的な評価方法よりも株価が低く算出される配当還元方式が用いられます。

## 株式発行会社に売却した場合のみなし配当課税

**非上場株式を株式発行会社に売却すれば、総合課税で累進税率（5％〜45％）です。**

通常、株式を売った場合は『譲渡所得』になりますが、株式発行会社に売った場合（買う側から見れば自己株式）には、所得税法上、配当所得として取り扱われます。最初に額面金額で払い込んでいた場合、それを超える部分はすべて配当とみなされます。『譲渡所得』であれば、20・315％の税率で、何千万円でも何億円でも一律同じ税率です。ところが、株式発行会社に売った場合は、『配当所得』となり総合課税で累進税率が適用されます。上場株に適用される分離課税ではない点に留意が必要です。

住民税の所得割は税率10％となるため、所得税と住民税を合わせると、みなし配当の税率は15％～55％となります。

さらに、復興特別所得税（原則としてその年分の基準所得税額の2・1パーセント）を加味すれば、税率は所得の大きさに応じて**15・105％～55・945％**となります。（実際の計算は左図の通り控除額があるので、課税所得に単純に税率を乗じた額よりは

## 所得税の計算

| 課税される所得金額 | 税率 | 控除額 |
| --- | --- | --- |
| 195万円未満 | 5% | 0円 |
| 195万円以上330万円未満 | 10% | 97,500円 |
| 330万円以上695万円未満 | 20% | 427,500円 |
| 695万円以上900万円未満 | 23% | 636,000円 |
| 900万円以上1,800万円未満 | 33% | 1,536,000円 |
| 1,800万円以上4,000万円未満 | 40% | 2,796,000円 |
| 4,000万円以上 | 45% | 4,796,000円 |

出所：No.2260　所得税の税率（国税庁）をもとに弊社作成

少なくなります。）

具体的な数字でご説明しましょう。

例えば、ある株式を2万株保有する株主と仮定します。株式発行会社が自社株買いとして5000円で買い取った場合と、弊社のような第三者が同価格で買い取った場合の手取り額は、次ページの図のようになります（このケースの場合、最高税率適用となります）。

税引き後の手取り額は、株式発行会社に売却するより第三者に売却したほうが、約2700万円も多くなります。

※取得価格は額面として簡易的に試算しています。

※税金については、税理士等専門家にご相談ください。

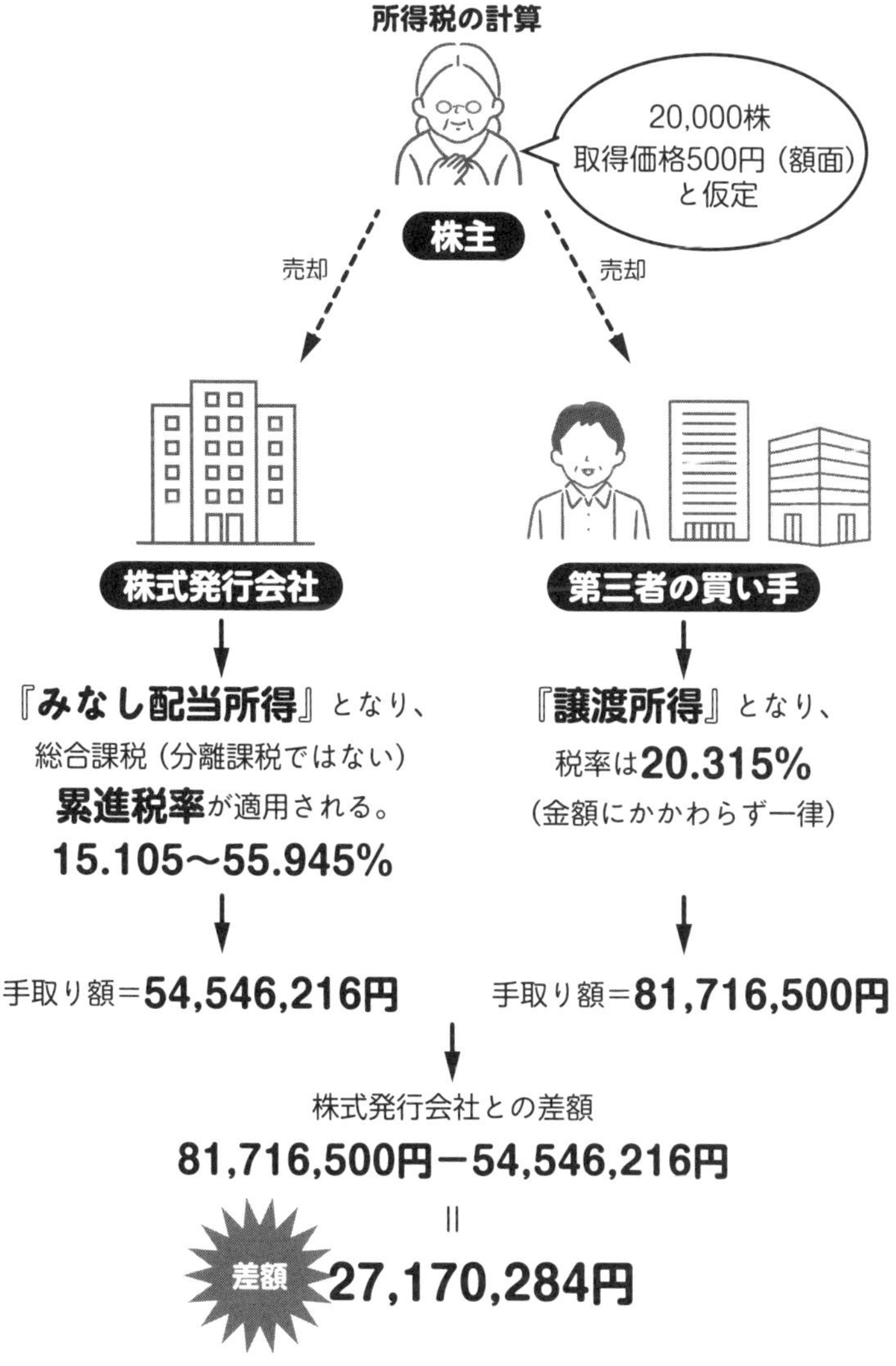
所得税の計算
20,000株
取得価格500円（額面）
と仮定
株主
売却
売却
株式発行会社
第三者の買い手
『みなし配当所得』となり、
総合課税（分離課税ではない）
累進税率が適用される。
15.105〜55.945%
『譲渡所得』となり、
税率は20.315%
（金額にかかわらず一律）
手取り額＝54,546,216円
手取り額＝81,716,500円
株式発行会社との差額
81,716,500円－54,546,216円
＝
差額
27,170,284円

## みなし配当の例外

株式発行会社に買い取ってもらってもみなし配当とされないケースがあります。相続後に相続人が株式発行会社に売却する場合はみなし配当にはならず、全額譲渡所得になります。

ただし、売却時期については期限があり、**相続税の申告期限から3年以内、つまり、亡くなってから3年10カ月以内となっています。**この規定は、高額な相続税が課されることの多い同族会社において、上場株式との取り扱いの差を埋めるために設けられた特例であり、相続人の納税資金の確保と、スムーズな事業承継のための特例と考えられます。

また、相続税の取得費の特例として、非上場株式の譲渡による譲渡所得金額を計算するに当たり、その非上場株式を相続または遺贈により取得したときに課された相続税額のうち、その株式の相続税評価額に対応する部分の金額を取得費に加算して収入金額から控除することができます。ただし、加算される金額は、この加算をする前の譲渡所得金額が限度となります。

ここで、先ほど102頁でご紹介した、**同族会社の株式を保有していたB氏の事例の続きはどうなったのかをご説明します。**

早速弊社で調査・算定をしましたが、現社長になってからジワジワと少しずつ業績が低下傾向であることと、この数年全く取り合ってもらえない事実から1650円/株で買い取りました。

W社に買い取ってもらったところで二束三文にしかならず、持っていても買い手を探し出すことは容易ではないため宝の持ち腐れ、それどころか、相続税という高額納税の必要に迫られるだけ。それが**W社提示価格の3倍以上になり、**長年の心配事から解放された、とB氏には感謝されました。

B氏との株式譲渡契約締結後、私たちはW社に譲渡承認請求をし、無事株主として承認されました。

その後、現社長になってからの業績低下傾向を深刻視し、業績改善策の株主提案をしました。また、同族会社であるが故に、業績に関係なく配当はずっと出されていなかったため、配当の提案もしましたが、現社長は干渉されたくなかった様子で、1年後に買取の提案を受けました。

こうして弊社の取得価格を上回る価格での合意が成立しました。結果として、B氏は発行会社提示価格の3倍以上の価格で売却できて相続税の心配も解消、社長も過半数の株式を取得でき、経営権に関する不安はなくなりました。

このケースのように、親族同士だからこそ、過去の経緯やしがらみ等から感情的になったり意固地になったりと、株式の交渉が平行線になってしまうことはとても多いです。その点、弊社のような第三者のほうが話がうまくまとまることが多いのです。

第4章

# 非上場株式の売買価格

# 非上場株式売買価格決定の実情

昨今、裁判所に株式価格決定を求める事案が増えています。従来からあった譲渡制限株式の売買価格決定を求めるケースに加えて、「第2章 なぜ非上場株式は売却が困難なのか？〈特別支配株主による株式等売渡請求〉」でご説明した「スクイーズ・アウト」に反対する株主が価格決定を申立てる事案が急増したことがその要因のようです。

すなわち、平成18年施行の会社法で全部取得条項付種類株式の規定が創設されたことにより、スクイーズ・アウトを伴う完全子会社化は容易となった一方で、スクイーズ・アウトに反対する株主が裁判所に価格決定を求める事案が急増しているのです。

スクイーズ・アウトに関する会社と株主の争いのひとつには、上場会社が非上場化する過程での紛争があります。もうひとつは、非上場会社をめぐる紛争（譲渡制限株式の売買価格決定申立）です。

本書では、市場株価が存在しない後者の、非上場株式を前提に、裁判所など実務における株式価値の考え方について考察と紹介をしたいと思います。

譲渡制限株式を譲渡する場合には、株式発行会社に対し譲渡承認を請求することになります（会社法１３６条、１３７条）。

株式発行会社取締役会がこれを承認しなかった場合、株式発行会社（または指定買取人）は、当該株式を買い取らなければならず（同140条1項）、売買価格が当事者間の協議で成立しない場合、当事者は裁判所に売買価格決定の申立てをすることができます（同144条2項）。これは「非訟事件《ひしょうじけん》」となります。

裁判所が法令に照らし、当事者間の権利・義務関係について判断するものが「訴訟事件」なのに対し、「非訟事件」は、民事の法律関係に関する事項について、裁判所が後見的に介入して処理するものをいいます。私人間の生活関係に関する事件のうち、訴訟手続きによらずに裁判所によって処理される民事事件ともいえます。

非公開会社（譲渡制限の規定を定款に定めている会社）の株主であっても、株式を換金したい場合等の事情が発生することは稀ではないため、譲渡制限株式の売買価格決定を裁判所に求める事案は多い状況です。

本制度は、非公開会社において株主に投下資本回収の手段を保障するために設けられているものであり、非上場株式のうち非公開会社に固有の制度なのです。

譲渡制限株式の売買価格決定事件（非訟事件）の古い判例においては、「第3章　非上場株式保有の問題点〈相続税〉」でご説明した、国税庁方式（財産評価基本通達等の国税庁通達にしたがった評価方式）による価格決定がなされることも多かったのですが、昨今は変化してきています。

「同通達は、戦後早い時期に骨組みが作られたもので、大量発生的事象を機械的に処理する目的のものにすぎず、訴訟・非訟事件に適用すべきものではない。」（「株式会社法第8版」江頭憲治郎　有斐閣　2021）という意見が多くなったのです。

「国税庁方式による算出については、課税固有の目的の下に成立したものであるから、会社法上の株式評価に適さないという批判や、大量発生的な事象を画一的に処理するための基準であるので、対象となる会社の安定性・成長性等の特色に配慮せず、個別の会社に適用して合理的結果が得られると評価できるものではないという批判がある。」（『逐条解説会社法　第2巻　株式・1』酒巻俊雄・龍田節（編）中央経済社　2008）などの指摘がなされています。

このようなことから、**国税庁方式による価格決定は行われなくなっています。**

近時の裁判例では、具体的事件で判断の基礎とされる鑑定意見などを通じて、日本公認会計士協会公表の実務指針、**「企業価値評価ガイドライン」**が大きな影響を与えています。

日本公認会計士協会では、株式買取請求事案等に係る裁判において公認会計士による鑑定が増加しつつあることに鑑み、鑑定方法の指針となるものを作成すべきとの考えから、また、M&A、事業再編などの取引目的、あるいは会社法上の裁判所による株式の価格の決定等裁判目的での企業価値評価に対するニーズが高まっていたことから、平成19年に「企業価値評価ガイドライン」が取りまとめられ現在に至っています。

## 非上場株式売買価格の評価方法

「企業価値評価ガイドライン」は評価アプローチを3つに分類しています。インカム・アプローチ、マーケット・アプローチ、ネットアセット・アプローチです。

<table>
<tr><th>着眼点</th><th>長　所</th><th>短　所</th></tr>
<tr><td>将来の収益</td><td>将来の収益獲得能力や固有の性質を評価結果に反映させる点で優れている</td><td>継続企業を前提とするので、継続性に疑義がある場合は不適切</td></tr>
<tr><td colspan="3">企業が生み出すキャッシュフローに注目して<br>企業価値を算出する方法<br>フリーキャッシュフローを現在価値に割り引くことで<br>企業価値を算出<br>多くの中小企業では精緻な事業計画をたてることが難しく、<br>事業計画の数値や割引率の算定根拠など、その算出過程で<br>恣意性が入りやすいため客観性が問題となることもある</td></tr>
<tr><td colspan="3">会計上の純利益を一定の割引率で割り引くことによって<br>株主価値を計算する方法<br>割引率をどのような水準にするのかが問題となる</td></tr>
<tr><td colspan="3">株主への直接的な現金支払いである配当金に基づいて<br>株主価値を評価する方法<br>多額の欠損が生じているために当面において配当できない<br>企業、配当が見込めない成長企業については株主価値の計<br>算が困難<br>配当が低位安定しているような企業は過小評価しやすい</td></tr>
</table>

※図表は「企業価値評価ガイドライン」をもとに、非上場株式の売買価格評価に関係するものに絞って抜粋し、判例を加えて弊社作成

| 評価方法の分類名 | 内　容 |
| --- | --- |
| インカム・アプローチ | 評価対象会社が将来獲得することが期待される利益やキャッシュフローに基づいて価値を評価する方法 |
| | ①DCF（ディスカウントキャッシュフロー）法 |
| | ②収益還元法 |
| | ③配当還元法 |

<table>
<tr><th>着眼点</th><th>長　所</th><th>短　所</th></tr>
<tr><td>現在の市場</td><td>・市場での取引環境を反映させることができ、客観性を担保できる<br>・対象会社が上場企業に匹敵する規模だったり、実際の売買事例が客観性を持つ場合には有力</td><td>・継続企業を前提とするので、継続性に疑義がある場合には不適切<br>・全くの新規事業や独自のビジネスモデルの場合、類似上場会社がない等の問題あり<br>・対象会社が上場企業に匹敵する規模ではなく、売買事例が客観性を有さない場合には説得力に欠ける</td></tr>
<tr><td colspan="3">上場会社の市場株価と比較して非上場会社の株式を評価する方法<br>類似上場会社法、倍率法、乗数法ともいわれる<br>客観性に優れているが、類似上場会社がない場合は利用不可、対象会社が類似会社と異なる成長過程にある場合には適切な評価結果が得られない<br>国税庁の『財産評価基本通達』に依拠するものであり利用すべきでない、という意見もある</td></tr>
<tr><td colspan="3">評価対象会社の株式について過去に売買がある場合に、その取引価額を基に株式の評価をする方法<br>①取引量が同程度であること、②取引事例の時点が比較的直近であり、その間に経営、業績等に大きな変化がないこと、③取引が独立した第三者間で行われ、ある程度の取引件数があることも必要とし、取引件数1件で取引株式数も少ない場合は不可とした判例あり<br>市場性のない株式の取引先例が客観的価値を適正に反映しているか疑問、という意見もあり</td></tr>
</table>

| 評価方法の分類名 | 内　　容 |
| --- | --- |
| マーケット・アプローチ | 類似する会社や取引事例などとの比較により相対的に評価した価値を示す方法 |
| | ①類似業種比準法 |
| | ②取引事例法 |

<table>
<tr><th>着眼点</th><th>長　所</th><th>短　所</th></tr>
<tr><td>過去の原価</td><td>予測や割引率等を使わずに、客観的資料である貸借対照表に基づき算定できるので、客観性に優れており、誰にも理解しやすい</td><td>収益力や成長力が反映されない<br>・成長企業では将来的収益獲得能力を反映できず過小評価となるおそれあり<br>・衰退企業では逆に過大評価となるおそれ<br>・貸借対照表に計上されない無形資産・知的財産権を源泉とする超過収益力を持つ企業の場合には、このような価値を反映できない</td></tr>
<tr><td colspan="3">会計上の純資産額に基づいて一株当たり純資産の額を計算する方法<br>会計上の帳簿価額を基礎とした計算である</td></tr>
<tr><td colspan="3">貸借対照表の資産負債を時価で評価し直して純資産額を算出し、一株当たりの時価純資産額をもって株主価値とする方法<br>全ての資産負債を時価評価するのは実務的に困難なことから、土地や有価証券等の主要資産の含み損益のみを時価評価することが多いため、修正簿価純資産法と呼ぶこともある</td></tr>
</table>

| 評価方法の分類名 | 内　容 |
| --- | --- |
| ネットアセット・アプローチ | 会社の純資産を基準に評価する方法<br>貸借対照表上の純資産に着目した静態的な価値を示す |
| | ①簿価純資産法 |
| | ②時価純資産法（修正簿価純資産法） |

「企業価値評価ガイドライン」では、「前出の評価法は、優れた点を持つと同時に様々な問題点をも有している。同時に相互に問題点を補完する関係にある。評価対象会社をインカム・アプローチ、マーケット・アプローチ、ネットアセット・アプローチのそれぞれの視点から把握し、評価対象会社の動態的な価値や静態的な価値について多面的に分析し、偏った視点のみからの価値算定にならないよう留意する必要がある。そして、それぞれの評価結果を比較・検討しながら最終的に総合評価するのが実務上一般的である」としています。

判例は、複数の評価手法を採用し、それぞれの評価結果を一定の折衷割合で加重平均した値をもって評価結果とする折衷法の採用が多くなっています。

同ガイドラインでは、折衷法は「インカム・アプローチ、マーケット・アプローチ、ネットアセット・アプローチのそれぞれのアプローチに属する複数の評価法を選択し、各評価法の結果に一定の折衷割合を適用して総合評価を行う方法である。折衷法は、評価結果により差異が生じ、いずれかの評価法を加重平均した方が妥当なケースにおいて適用しやすい方法である。折衷割合に関しては、評価人の合理的な判断によることになる」としています。

折衷割合を決定する方法は存在せず、「複数の方式を寄せ集めても信頼できる数値が算出できるものではない」との批判もありながら、なぜ、判例において折衷法が多いのかというと、当事者が互いに折衷法を採用した株式価値を主張する場合が多いからです。

それゆえに鑑定人である公認会計士は、当事者の折衷法による主張を勘案しながら折衷割合を決定せざるを得ないことが多いということです。

私たちは、株式発行会社と株式売買価格について協議となった場合は、以上のような考え方で株価が決定されることに留意して買取価格を算定します。

しかし、買取査定の段階では、そのような考え方で株価評価を計算できるような材料が揃いません。

ご相談いただく少数株主には、事業報告書3期分、決算書3期分の開示をお願いしています（もちろん秘密保持契約締結後です。）が、それだけでは限られた評価方法しか採用できないのです。

非上場企業に多い中小企業では、株主に事業報告書や決算書すら交付しない会社も少なくありませんし、ましてや事業計画書ともなれば、作成していない会社の方が多いのではないでしょうか。

　このように、買取査定の段階では、限定された材料しかない中での査定となるため、私たちにとっては、リスクをある程度加味した価格提示をせざるを得ないのです。

第5章

# 非上場株式の換金化事例

CASE 01

## 関東の建設工事会社X社、C氏の事例

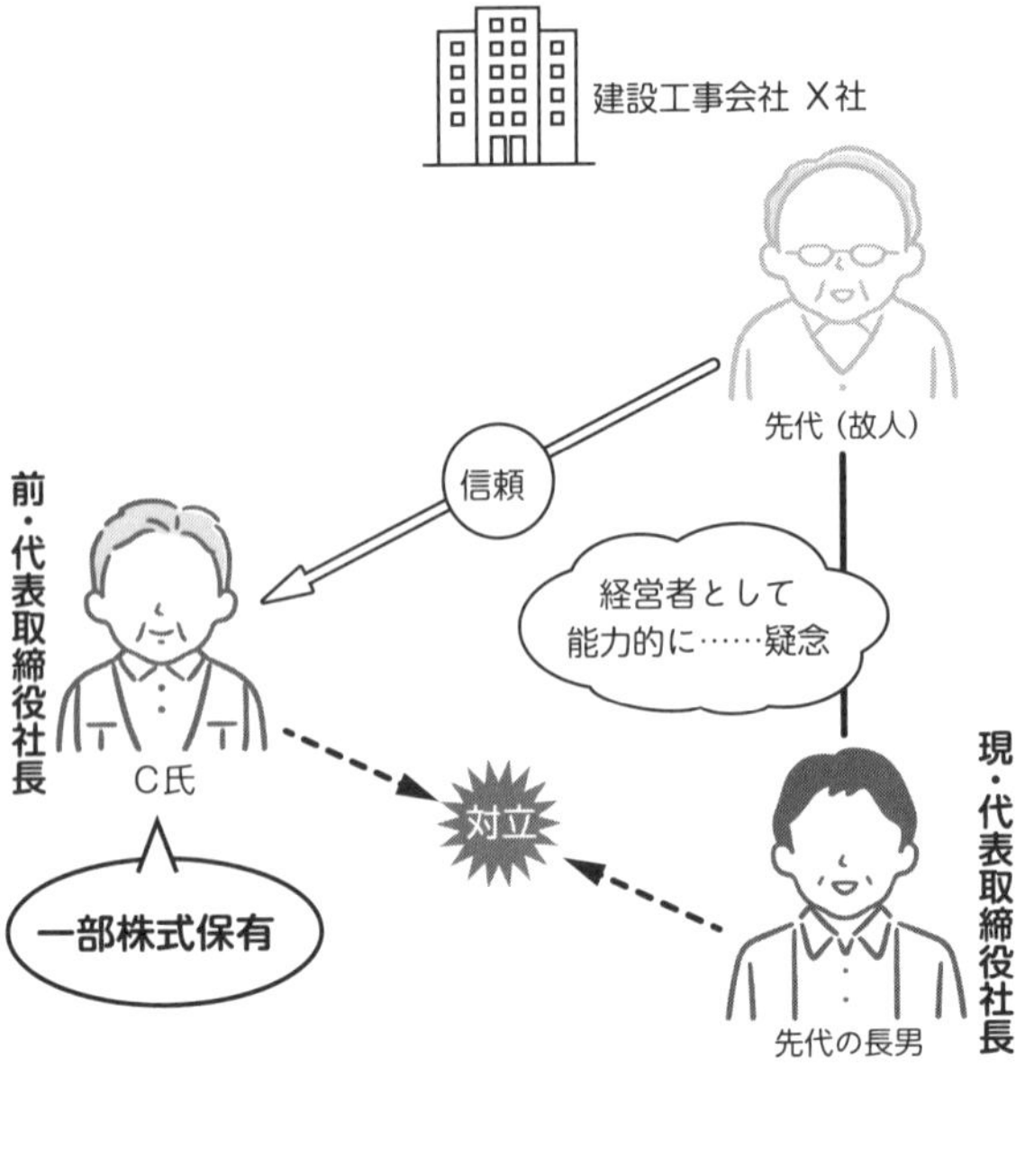

先代社長（創業家）の依頼で、関東の建設工事会社X社の役員から代表取締役となったC氏の事例です。

病床にあった先代は、後継者であるはずの息子の能力に疑念があり、C氏に代表取締役就任を依頼しました。その際に先代の株式の一部を譲り受けました。この業界で経験豊かなC氏は新規顧客数も順調に伸ばし、X社の業績は好転していきました。

その後先代が亡くなるやいなや、後継者の長男はC氏を解任し、代表取締役に就任しました。その際、C氏個人で保有していた株式を、持株会の規定に沿った、額面価格（50円／株）で手放すよう通告してきたのです。C氏の功績でX社の業績は大きく伸びたのに正当な評価がされないのは、C氏としてはどうしても納得がいきませんでした。

Ｃ氏が懇意にしていた弁護士からのアドバイスもあり、第三者に売却することを考え始めました。その弁護士の紹介により、私の会社でＣ氏の株式を全て買い取ることになりました。

Ｘ社を調査したところ、年商20億円、コロナの影響がありながらも毎期３億円以上の利益が出ており、自己資本比率80％、現預金７億円の優良企業です。簿価純資産は１０００円／株。とは言っても、多大な含み益や含み損があれば実態からかけ離れた価格となりますから、弊社の得意分野である不動産について重点的に調査し、含み損を加味した価格、３２０円／株で買い取りました。

株主として弊社からＸ社に譲渡承認請求をしたところ、不承認となりＸ社が買い取るとの通知を受けました。しかし、持株会の規定の額面50円／株の一点張りで協議は不調に終わり、非訟事件（地裁の株式売買価格決定事件）となりました。裁判でも持株会の規定の主張は続きましたが、それが無理筋という雰囲気になるやいなや、一転してX社の主張は不動産の含み損があるから時価純資産法で450円が妥当だと主張してきました。

X社にしてみれば、簿価純資産法で主張されると大変だという思いだったのかもしれません。しかし、弊社にとっては、そのような主張をされることも想定して買取価格を決定しておりましたから、X社の主張通りの価格で合意しました。

弊社にとっての利益は小さいものでしたが、C氏は、X社提示価格の6倍という、**本来正当に評価されるべき価格に近い現金を得ることができました。**

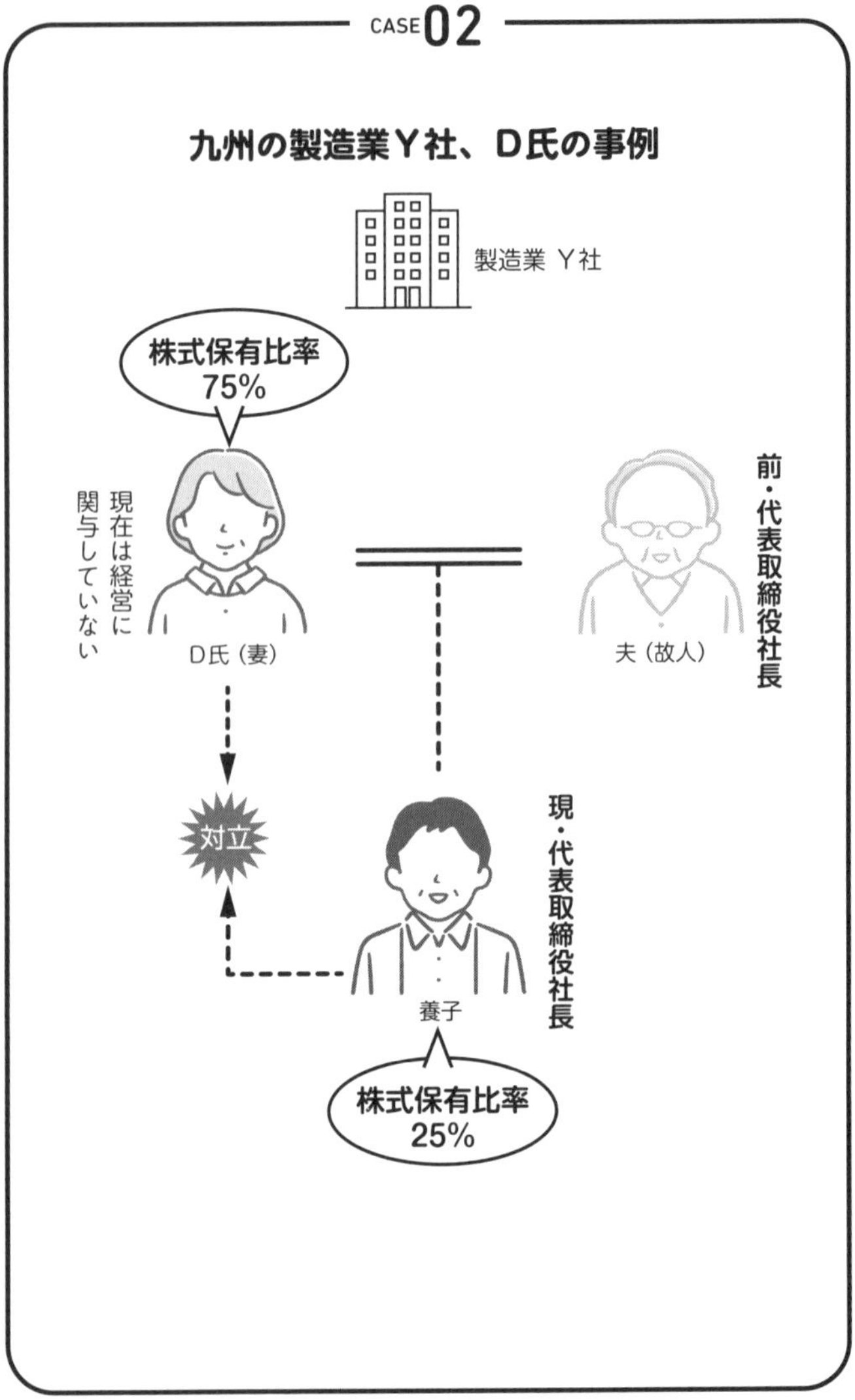
CASE 02
九州の製造業Y社、D氏の事例
製造業 Y社
株式保有比率
75%
現在は経営に関与していない
D氏（妻）
夫（故人）
前・代表取締役社長
対立
現・代表取締役社長
養子
株式保有比率
25%

私の学生時代からの友人のD氏は、夫と共同で出資したY社を創業してから二人三脚で大きくしてきました。ところが、辛苦を共にした夫が亡くなったことで、夫の株式が妻と子（養子）とに分散されました。株式保有比率は、D氏（妻）75：子（養子）25となりました。

D氏夫妻は子どもに恵まれなかったため、夫が亡くなる数年前に遠戚の子を養子に迎えていました。その養子が後継者として代表取締役社長に就任し、会社経営を行っていましたので、D氏は遠慮して、会社経営には一切関与しませんでした。しかし、D氏が3分の2以上の議決権を単独保有しているため、「会社の支配権を持つ」立場になっています。

D氏は老後の心配もあったため、株式を買い取ってほしいとY社に申し出たのですが、手元資金がないとの理由で、社長から額面の500円／株で譲ってほしいと言われました。

D氏としては、Y社設立当時から夫を支え、Y社を大きくしてきたという自負もあるので、自分の株式をY社に譲渡するなら、業績に見合った正当な価格で売却したいという思いがありました。

D氏から相談を受け、Y社を調査したところ、長年の業歴により、得意先より品質や納期の面で高い評価が得られていることから、比較的安定した受注が続いていました。なんと自己資本比率も90％であり、大きな負債もなく財務は盤石であることが分かりました。簿価純資産は1万円／株です。そこで、弊社がD氏所有の株式を全て、３５００円／株で買取ることにしました。安定受注とはいえ、利益面は低下傾向であることと、含み損の推測を勘案した価格です。

D氏には、「Y社提示価格の7倍という、本来正当に評価されるべき価値に近い価格で売却でき、長年の苦労が報われました。また、老後の資金もできて安心しました。」と言って喜んでもらえました。

その後、株主としてY社に株式譲渡承認請求したところ、会社を解散させられてしまうのではないかとの懸念から、慌てた様子の社長から連絡をいただきました。友人D氏の思い入れのあるY社を清算することなど当然考えていないため、互いに良好な結果を目指して協議しました。これで株式が100%会社に集中し、安定経営ができるのであればということで、5000円／株にて買取ってもらうことになりました。

CASE 03

## 関西の電子機器メーカーZ社、E氏の事例

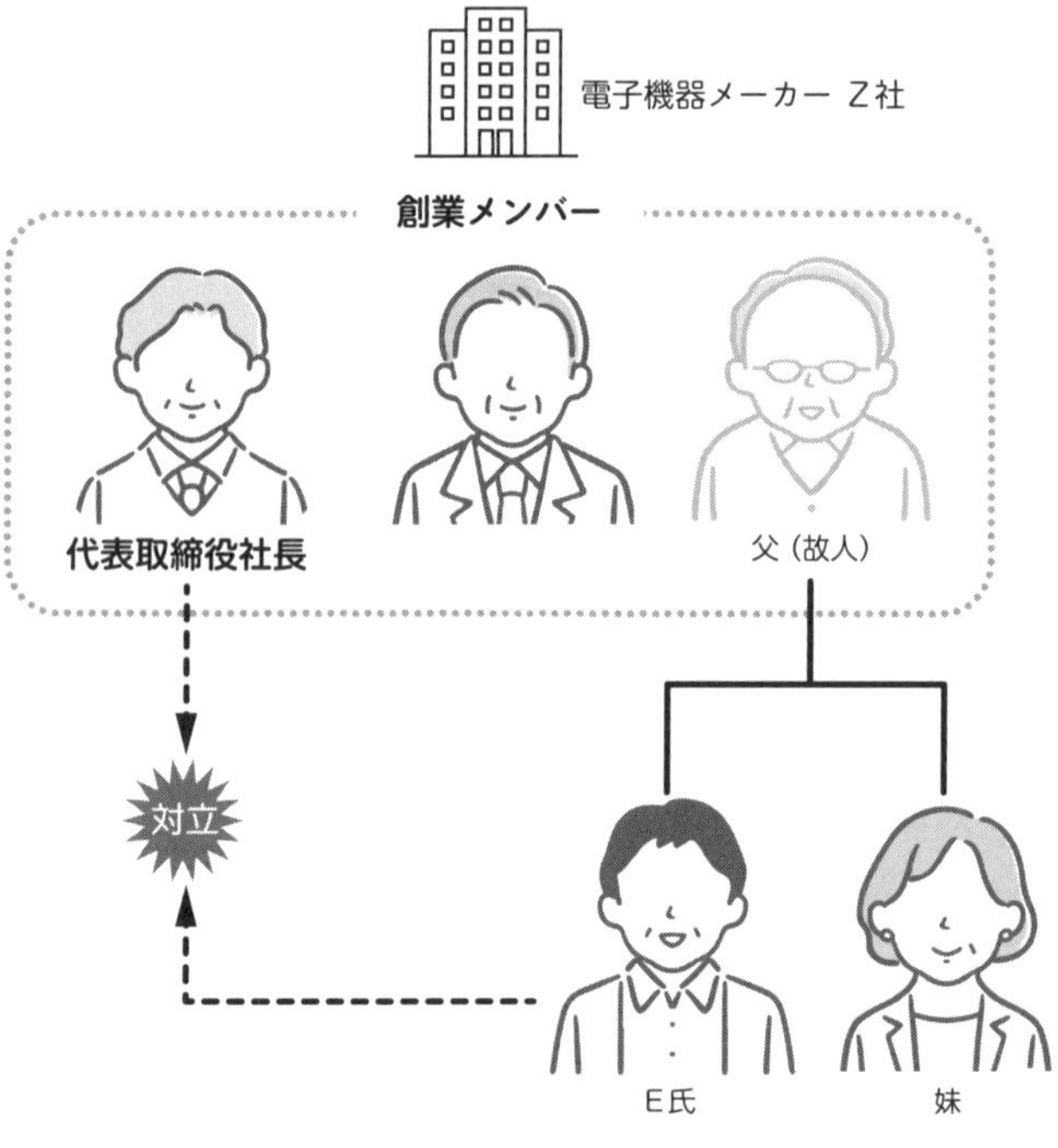

E氏のお父様は、電子機器メーカーZ社の創業メンバーのひとりでした。お父様が亡くなった際に兄妹で株式を相続しました。

Z社は年商30億円、利益は2～3億円、現預金17億円、自己資本比率60％の優良企業であるにもかかわらず、配当が全くない状況が続いていたようです。

E氏は現役時代、大手の金融機関で経理部にいたため、決算書を読むことには精通していましたので、本来の株式の価値を理解していました。しかし、Z社は業績がよいにもかかわらず配当も出さず、一方で自分たち役員の報酬は引き上げてきた経緯があります。これらを考えれば、Z社に売却したとしても、とんでもない低価格であろうことは容易に想像できました。実際にE氏の妹が株式売却についてZ社に打診したところ、案の定、額面の50円／株なら買い取ると言われたそうです。

そこで、弊社に、買い取ってもらえないかという相談があったのです。

ところが、定款に「相続人等に対する売渡請求権」が規定されていることが分かったため、売渡請求されないようにじっと時が過ぎるのを待ち、その後、Z社が相続を知りえて1年、つまり、社長がお父様の葬儀に参列した日から1年が過ぎ、ようやく、第三者の弊社に譲渡されたのです。

Z社の簿価純資産は1500円／株でしたが、ここ数年、経営陣への利益分配を増やすように経営を変更してきており、利益の低下が著しいこと、このような経営方針が続くようなら将来性も懸念されることから、兄妹の所有株式をすべて600円／株で買い取ることとなりました。

株式譲渡契約締結に向けて、E氏兄妹は早速Z社に株券発行の依頼をしました。

定款上株券発行会社となっていたのに、長年株券を発行していなかったのです。

株券発行会社なのに株券を発行していない会社は非上場会社では非常に多いです。ましてや同族会社ならなおのこと、親族間でなあなあで済ませている会社がほとんどと言っても過言ではありません。

ですので、予想はできたことですが、E氏の依頼に対し、印刷コストがかかるので株券は発行しない、とZ社から拒否回答がきたのです。発行する・しないで平行線となり、時間はかかりましたが、会社法に基づき株券が発行され送られてきたため、弊社とE氏の株式譲渡契約が締結できました。

E氏には、「Z社提示価格の12倍で買い取って頂いたうえに、定款の「相続人等に対する売渡請求権」が規定されているという、私たち兄妹だけでは気付かないことまで丁寧に教えて頂き、本当に感謝しています。また、株券を発行しないと言われた段階で心が折れて諦めていたかもしれません。とても心強かったです。相談してよかったです。」と言ってもらえました。

その後、弊社は株主として社長に面談申し入れをし、お会いすることができました。当初は、外部の者に株式譲渡したことに憤慨されている様子だったのですが、そのうち少し冷静になられたのか、分散した株式を纏められるのは得策だと考えたようでした。

最終的に、株価の協議となり、**結局簿価純資産には及びませんが、1000円／株で譲渡することとなりました。**

第6章

# 少数株主として最低限知っておきたいこと Q&A

最後に、非上場株式に関する、よくあるご質問についてお答えしたいと思います。既に本書で述べてあることですが、改めて内容をご確認いただければ幸いです。

Question

## 01 少数株主の権利にはどのようなものがありますか?

A

株主は株式会社の実質的な所有者（オーナー）なので、会社に対して様々な権利を持っています。それらの権利を、権利の行使の要件に着目して分類すると、単独株主権と少数株主権の2つに分けることができます。

単独株主権とは、1株の株主でも行使できる権利で、少数株主権とは、総株主の議決権の一定割合以上、または、発行済み株式総数の一定割合以上の株式を有する者だけが行使できる権利です。この場合、複数の株主が共同して一定割合以上を持っていれば、権利行使できます。

株主の権利には、剰余金の配当を受ける権利など、会社から直接経済的利益を得ることを目的とする「自益権」と、会社の経営に参画するなど、権利を行使することにより株主全体の利益につながる「共益権」があります。

具体的には、株主提案権、取締役・監査役の解任を求める権利、帳簿閲覧権などが代表的です。

↓「第1章 株式の基礎知識をおさえよう〈持株比率、議決権割合と株主権利〉」ご参照

Question
## 02
## 非上場株式は、持ち続けたほうがよいのでしょうか?

**A** 配当金もなく株式発行会社の買取提示株価が低いからといって、非上場株式の評価が低いわけではありません。相続が発生した際に、思っていたより高い評価となり、相続税が高くなる可能性があります。

相続が発生する前に、相続税評価額を理解し、高い相続税が予測される場合は売却を検討したほうがよい場合もあります。

非上場株式の相続税は、国税庁が作成している「財産評価基本通達」の「取引相場のない株式等の評価」に基づいて、相続する株式の相続税評価額というものを元に計算されます。

その際、贈与や相続で取得した株主が同族株主か否かで、評価方法が「原則的評価方式（類似業種比準方式、純資産価額方式およびこれらの併用方式）」か「特例的評価方式（配当還元方式）」か、変わってきます。

同族会社において同族株主による相続が発生した場合には、「原則的評価方式」を用いて算出する必要がありますので、相続が発生する前に、税理士にご相談のうえ、その価値を把握しておき、対処することをおすすめします。

↓「はじめに」および「第3章 非上場株式保有の問題点〈相続税〉」ご参照

Question
## 03 非上場と上場の少数株主の違いはあるのでしょうか？

A

違いを3つほど挙げてご説明します。

まず、売買のしやすさ・難しさです。上場企業の株主はいつでも株式市場で売買できますが、非上場株式には証券取引所がなく、売買は困難です。
株式発行会社には買い取りの義務がありませんので買い手を自分で見つけなければいけません。仮に株式発行会社が買い取る場合であっても、「提示した金額でなければ買い取らない」という回答が多いため、会社の資産や業績、将来性等々、会社の実体に沿った適正価格で売却することが難しいのが実態です。

2点目は、会社の株主に対する姿勢の違いです。上場企業には東京証券取引所が策定した「「コーポレートガバナンス・コード」などの規制があり監督されているため、株主に開示される資料も豊富ですし、少数株主をないがしろにするということはまずありません。しかし、非上場企業にはそのような規制も監督もありません。また、同族企業も多く、うちわの親族だけでなあなあで済ませて株主総会も取締役会も実際は開いていないというところも少なくありません。そのため、配当もなかったり、資料の請求をしても応じてくれない、開示してくれない会社も少なくありません。つまり、上場企業と比べて非上場企業の少数株主のほうが、株主の権利をないがしろにされる可能性は高いといえるのではないでしょうか。

↓「第1章 株式の基礎知識をおさえよう〈上場株式と非上場株式の違いとは？〉」ご参照

3点目は、株式を売却した場合の税金の違いです。上場株式を市場で売却すると、税率20・315％の譲渡益課税（分離課税）ですが、非上場株式を株式発行会社に売却した場合は、『みなし配当所得』となり、総合課税で、15・105％〜55・945％の累進税率が適用されますので、場合によっては税負担が重くなります（実際の計算には控除額があるので、課税所得に単純に税率を乗じた額よりは少なくなります）。

↓「第3章 非上場株式保有の問題点〈株式発行会社に売却した場合のみなし配当課税〉」ご参照

Question

# 04

## 少数株主であることによるリスクはなにが考えられますか？

A

A03で挙げた3点が考えられます。ここでは配当についてもう少し詳しくみます。非上場企業の場合、経営支配株主（経営者と支配株主が同じ）が独裁的に経営しているケースが多いため、会社の利益が主に役員報酬や退職金に充てられることが多く見受けられます。そのため，配当などによる少数株主への利益還元が正当に行われない場合もあります。

Question
05

「譲渡制限株式」は、取締役会や株主総会での承認がなければ譲渡できない株式だと思いますが、「売却して現金化することはできない」ということでしょうか？

A

株主が、非上場株式を買い取りたいという第三者をみつけることができれば、株式の譲渡人と譲受人の間で売買は成立し、現金化は可能です。

会社が譲受人を「会社の株主として承認」するか否かは別の問題なのです。

たとえば、条件が合えば弊社がその買い手になり、株主は弊社からの株式譲渡代金を手にすることができます。

Question

06

**譲渡制限株式の株主です。譲渡人と譲受人の間で売買は成立したのに、発行会社が譲渡承認しなかった場合はどのようになりますか？**

A

第4章のとおり、株式譲渡を承認するか否かは、株主総会または取締役会で決議することになります。承認しない場合には、株式発行会社が買い取るか、株式発行会社が指定する買取人が買い取ることになります。

売買価格については協議となりますが、双方折り合いがつかない場合が多いのが実情です。そうなれば、どちらかが裁判所に「株式売買格決定申立て」をすることになります。これは、「訴訟」ではなく、「非訟《ひしょう》」事件と呼ばれます。

↓「第4章 非上場株式の売買価格〈非上場株式売買価格決定の実情〉」ご参照

Question
07

株式発行会社から「額面価格でしか買い取らない」といわれています。どうすればいいですか？

A

売り手側が不利な展開はおおいに想定されます。株式発行会社に買う義務はないため、少しでも適正な価格で売りたい場合は、弊社のような第三者の買い手を見つけることもよいと思います。

Question
08

非上場株式を第三者に売りたい場合はどういった方法がありますか？

A

周囲に買い取ってくれる人がいない場合は、インターネット等で買取を専門に扱っている会社を探すのもよいでしょう。

Question

## 09

**一般的に第三者機関に株式の換金化をお願いした場合、手数料などはいくらくらいかかるのでしょうか?**

A

弊社で買い取る場合は、手数料は一切発生しません。双方、買取条件に合意すれば、譲渡契約を結び、決済します。

Question
10

非上場株式を相続することになりました。最初にすべきことはどのようなことがありますか?

A

相続の大前提として、遺言がない場合は遺産分割協議を行い、株を相続する人を決める必要があります。相続人が決まれば、その内容を記した「遺産分割協議書」をもって相続の手続きを進めます。

まず、株式発行会社に名義変更の方法を確認したうえで名義書換の手続きをしてください。

Question

# 11

## 少数株主の裁判事例について教えていただけますか？

A

譲渡制限株式を譲渡する場合には、株式発行会社に対し譲渡承認を請求することになります（会社法136条、137条）。

株式発行会社がこれを承認しなかった場合、株式発行会社（または指定買取人）は、この株式を買い取らなければならず（同140条1項）、売買価格が当事者間の協議で成立しない場合、当事者は裁判所に売買価格決定の申立てをすることができます（同144条2項）。これは「非訟《ひしょう》事件」となります。

裁判所が法令に照らし、当事者間の権利・義務関係について判断するものが「訴訟事件」なのに対し、「非訟事件」は、民事の法律関係に関する事項について、裁判所が後見的に介入して処理するものをいいます。私人間の生活関係に関する事件のうち、訴訟手続きによらずに裁判所によって処理される民事事件ともいえ、和解により決まることが多いです。

譲渡制限株式の売買価格決定事件（非訟事件）の古い判例においては、相続税評価額を出すときに使われる、国税庁方式（財産評価基本通達等の国税庁通達にしたがった評価方式）による価格決定がなされることも多かったのですが、昨今は変化してきています。

近時の裁判例では、具体的事件で判断の基礎とされる鑑定意見などを通じて、日本公認会計士協会公表の実務指針、「企業価値評価ガイドライン」が大きな影響を与えています。そのガイドラインの中の複数の評価手法を採用し、それぞれの評価結果を一定の折衷割合で加重平均した値をもって評価結果とする判例が多くなっています。当事者がお互いに折衷法を採用した株式価値を主張する場合が多いからです。

↓「第4章 非上場株式の売買価格〈非上場株式売買価格決定の実情〉」ご参照

Question

## 12

**株式発行会社（親族）と関係が悪いので、交渉など接触をできるだけ避けたいのですが、どうしたらよいでしょうか？**

**A**

株式発行会社ではなく第三者に売却をご検討される場合は、弊社に一度ご相談ください。弊社との売買が成立した場合は、株式譲渡契約締結後に連名で譲渡承認請求することになりますが、やりとりは譲受人である弊社が行いますのでご安心ください。仮に非訟事件になっても、弊社が当事者となりますので、直接接触することはございません。

Question 13

## 少数株主の問題をまず相談するとしたら、税理士や弁護士ですか？

A

株式発行会社との間に紛争性がある場合は、弁護士の先生への相談をおすすめします。また、相続税の税金計算等に関するご相談は、税理士の先生が専門になります。売却を前提としたご相談は、弊社などの第三者機関にご相談ください。弁護士、税理士については、弊社パートナーの先生をご紹介することも可能です。

# おわりに

売りたくても売れない、不当に安い価格でしか株式発行会社に買ってもらえない、そもそも交渉もできないくらい株式発行会社と関係が悪い――このように、これまで八方塞がりと絶望していた非上場少数株主の方々には、適正株価にて現金化できる可能性があることをぜひ知っていただきたい、諦めないでほしい、という思いから、本書を出版することとなりました。

「創業家の一員であるがゆえに、今まで会社に遠慮して何も言えなかった」「何をどうすればよいのか分からなかった」「会社に連絡してみたが相手にされなかった」等々、非上場株式をお持ちの株主の方々には様々な想いがあることでしょう。

非上場企業の「少数株主」「同族会社」であるがゆえの、私と身近な知人の苦い経験から、そのような方々のご相談にいつでもお応えしたいと思っております。

ご相談をご希望の方は、「少数株ドットコム」で検索いただくか、弊社ホームページ「https://www.shosukabu.com/」をぜひ訪れてみてください。

［著者略歴］

**いしだのりこ**

少数株ドットコム株式会社 社主
大学卒業後、東証一部上場企業の創業者一族の家に嫁ぐ。産業界の豊富な人脈を生かし、国内外を問わず魅力ある企業や不動産に投資を行ってきた。現在は「同族会社」の実体験から、少数株主へのサポート活動を行っている。

［監修者略歴］

**少数株ドットコム株式会社**

少数株主が保有する非上場株式の売却の相談に応じており、ご希望者には株価算定のうえ買取価格の提案から買取までを自社で行っている。専門スタッフの他に弁護士や税理士といったアドバイザリーメンバーも対応している。

少数株主《しょうすうかぶぬし》にとっての
非上場株式売却入門《ひじょうじょうかぶしきばいきゃくにゅうもん》

2023年7月21日　初版発行
2024年6月30日　第2刷発行

著　者　いしだのりこ

発行者　小早川幸一郎

発　行　株式会社クロスメディア・パブリッシング
〒151-0051 東京都渋谷区千駄ヶ谷4-20-3 東栄神宮外苑ビル
https://www.cm-publishing.co.jp
◎本の内容に関するお問い合わせ先：TEL(03)5413-3140／FAX(03)5413-3141

発　売　株式会社インプレス
〒101-0051 東京都千代田区神田神保町一丁目105番地
◎乱丁本・落丁本などのお問い合わせ先：FAX(03)6837-5023
service@impress.co.jp
※古書店で購入されたものについてはお取り替えできません

印刷・製本　株式会社シナノ

 ISBN978-4-295-40852-9　C2034